IŠĖJO SĖJĖJAS SĖTI

HOMILIJOS

Kūdikėlio Jėzaus Pranciškus Nekrošius CSJ

IŠĖJO SĖJĖJAS SĖTI

HOMILIJOS

LUMINA VERA
Vilnius
2022

Bibliografinė informacija pateikiama Lietuvos integralios bibliotekų informacinės sistemos (LIBIS) portale ibiblioteka.lt

Nihil obstat
S. Marija Dovydė Weill CSJ
Ad hoc deputata
2022 03 01

Imprimi potest
Fr. Pranciškus Ksaveras Cazali CSJ
Prior generalis
2022 03 04

Šventasis Raštas cituojamas iš:
Romos Mišiolas III: Skaitiniai šventadienių Mišioms (ABC)
(Lietuvos vyskupų konferencijos leidinys, Vilnius – Kaunas, 1982)
Romos Mišiolas V: Skaitiniai eilinių šiokiadienių Mišioms.
Neporiniai metai (E1)
(Lietuvos vyskupų konferencijos leidinys, Kaunas – Vilnius, 1989)
Romos Mišiolas VII: Skaitiniai šventųjų Mišioms (Š)
(Lietuvos vyskupų konferencijos leidinys, Kaunas – Vilnius, 1988)

ISBN 978-609-95366-2-0

Nuoširdžiai dėkojame visiems, kurių rūpesčiu, pagalba ir veiklia meile ši knyga atsirado

Knygos rengimui savo triūsu talkino:
Indrė Aušrotienė ir Raminta Bunkienė (sudarytojos), Irena Elžbieta Čekmonienė, Gailius Raškinis, Milda Sprindžiūnaitė, Aldona ir Algis Statkevičiai.

Knygos leidimą finansavo:
Stasė Nekrošienė, Astrida ir Gediminas Švedai, JAV Čikagos pal. Jurgio Matulaičio misijos bendruomenė (Dalia ir Kęstutis Jodwaliai, Daiva ir Rolandas Rauduvės, Dalia ir Jonas Barkauskai, Vida Maleiškienė, Rūta McCartan, Janina Miknaitienė, Renata ir Stepas Žiliai ir kiti), JAV Kolorado valstijos lietuvių bendruomenė.

Lėšų dosniai aukojo:
Milda ir Ramūnas Lukaševičiai, Gintaras Balčiūnas, Andrius Macas, Tomas Šaparauskas, Stasys Lanevskij, Dalius Raškinis, Jolanta Vaitkevičienė, Danutė Lapėnaitė, Indrė Valantinaitė ir kiti.

Turinys

III Jei grūdas nekris į žemę...

IV Pjūtis jau boluoja!

Sudarytojų žodis

„Viskam yra metas, ir kiekvienam reikalui tinkamas laikas po dangumi" (Koh 3,1).

Ši homilijų knyga, sumanyta prieš gerą dešimtmetį, gimė dabar. Galbūt todėl, kad tik šiandien jos iš tikrųjų prireikė? Tikėjimo gyvenimas tekėjo įprasta vaga, – šv. Mišios, rekolekcijos, mokymai, malda, adoracija... Velykos, Kalėdos. O šiandien mūsų *visuotinės gerovės* užliūliuotai kartai, kuri netikėtai patyrė didelių sunkumų ir suspaudimų, reikia sau paprastai atsakyti: ar iš tikrųjų tikiu? Ar mano širdis atvira Dievo veikimui šiandien, čia, šiomis aplinkybėmis?

Mūsų *Sėjėjas* – šiame rinkinyje rasite joanito tėvo Kūdikėlio Jėzaus Pranciškaus* homilijų, kurių dauguma buvo sakytos 2007–2012 ir 2019 m. Vilniaus Išganytojo bažnyčioje, – to paties klaus ir Jūsų. Neatsitiktinai knygos pavadinimui pasirinkta ši Mato Evangelijos ištrauka (Mt 13, 1–23), – apie grūdus, nukritusius šen bei ten, apie dirvą, juos priėmusią, ir, žinoma, derlių.

T. Kūdikėlio Jėzaus Pranciškus su meile *sėjo* Vilniaus tikėjimo brolių ir sesių bendruomenėje. Spontaniškas toje meilėje, homilijas sakė be jokio teksto, nesirūpindamas jų pasirašyti iš anksto (laimei, išliko garso įrašų!), tikėdamasis, jog Šventoji Dvasia pasinaudos juo – savo netobulu įrankiu, kaip jau ne sykį buvo patyręs. Antai, kartą, dar jam tarnaujant Prancūzijoje, tėvas kaip visada iš anksto apmąstęs rengėsi sakyti pamokslą, tačiau priėjęs prie Evangelijų knygos prieš akis išvydo visai kitą Šventojo Rašto ištrauką. Teko kalbėti ekspromtu. Po pamokslo susierzinęs mintyse klausė Dievo, kodėl taip nutiko. Atsakymas atėjo greitai – žmonės po šv. Mišių jam nuoširdžiai dėkojo už kaip niekad stipriai sielas palietusius žodžius...

Su tokiu pat užsidegimu tėvas kūrė filmus su paaugliais vasaros šeimų stovyklose, rašė apie J. R. R. Tolkien'o Viduržemę, vedė rekolekcijas ir skaitė paskaitas...

Tad apie ką kalbės *Sėjėjas*?

Knygoje, nors ir ne visiškai nuosekliai, tačiau laikomasi liturginio ciklo nuo Advento iki Velykų. Į ją sugulė 38 garso įrašuose išlikusios ar *Magnificat* leidinėliui rašytos homilijos, kurių kiekvienai autorius davė pavadinimą. Homilijos išdėstytos keturiais skyriais: *Sėjėjas* (Advento ir šv. Kalėdų homilijos), *...išsirengė sėti...* (Eilinio laiko homilijos, pradedant Kristaus Krikšto švente), *Jei grūdas nekris į žemę...* (Gavėnios homilijos) ir *Pjūtis jau boluoja!* (šv. Velykų laiko ir Švč. Trejybės iškilmės homilijos). Pradedame ir baigiame knygą vainikuojančiomis Kristaus Karaliaus iškilmės homilijomis.

Ne viskas, kas pamokslauta t. Kūdikėlio Jėzaus Pranciškaus, tilpo į šią knygą. Bet ir tai, ką čia sudėjome, gausins mūsų tikėjimo dovaną. O jei iš Dievo malonės tie *grūdai* sudygs mumyse, keleriopą derlių *mums* lemta duoti?!.

Indrė Aušrotienė, Raminta Bunkienė

* Nuo 2013 m. t. Kūdikėlio Jėzaus Pranciškus darbavosi JAV; nuo 2019 m. gyvena atsiskyrėlio gyvenimą JAV Kolorado valstijos kalnuose.

Pratarmė

„Štai Sėjėjas išėjo sėti"... ir sėja plačiai. T. Kūdikėlio Jėzaus Pranciškaus homilijų rinkinys – tai sunkus javų pėdas, sunokintas maldos saulėje, apstus šimteriopo grūdų derliaus.

Liturgijoje „homilija gali būti intensyvus ir laimingas Dvasios patyrimas, paguodą teikiantis susitikimas su Dievo žodžiu, nuolatinis atsinaujinimo bei augimo šaltinis": *„per pamokslininką* pasiekti *kitus* trokšta būtent *Dievas"* (Popiežius Pranciškus, *Evangelii gaudium*, 135–136). Dievas, klausytojai ir pamokslininkas – štai trys subtilaus homilijos meno veikėjai.

Visų pirma *Dievas*, kuris „iš didžios meilės prabyla žmonėms kaip draugams [...], norėdamas juos pakviesti ir priimti į savo bendrystę" (*Dei Verbum*, 2). Skaitinių knygoje, kaip ir pamokslininko žodžiuose, Žodis, amžinasis Tėvo Žodis, gyvas ir veiksmingas Žodis, nori tęsti kiekvienam žmogui siūlomą išganymo dialogą.

Tada *klausytojai*, kviečiami priimti Žodį tauria bei gera širdimi ir leisti, kad Jis jų gyvenime neštų visokeriopą malonės vaisių. Šią mažą Dievo tautos dalelę su jos simboliais ir tradicijomis, džiaugsmais ir viltimis pamokslininkas turi gerai pažinti. Išmokęs „užuosti kaimenės kvapą", atspėti jos lūkesčius ir kančias, jis randa tinkamus vaizdinius, parenka žodžius, padedančius geriau suprasti Šventojo Rašto simfoniją, puoselėja Kristaus troškimą kiekvienos avies – riebios ar silpnos, sergančios ar pasiklydusios – sieloje.

Galiausiai *pamokslininkas*, turįs būti „Dievo žodžio ir sykiu tautos kontempliuotojas" (EG 154). Dar prieš konkrečiai rengiantis tam, ką pasakyti, jam reikia „pirma būti pačiam sužeistam Dievo žodžio, kuriuo norima sužeisti kitus, nes tas žodis yra gyvas ir veiksmingas" (EG 150).

Girdėjusieji šiame rinkinyje publikuojamas homilijas tomis dienomis, kai jos buvo sakomos paties T. Kūdikėlio Jėzaus Pranciškaus, yra tai patyrę. Skaitydami šį rinkinį, jie, be jokios abejonės, su malonumu prisimins balsą, žvilgsnį, intonaciją mūsų pamokslininko, šiandien tęsiančio meilės kupiną Dievo paiešką atsiskyrėlio vienumoje. Negirdėjusiesiems šių homilijų tiesiogiai, tad atrasiantiems jas tik šiuose puslapiuose, linkime savo ruožtu patirti, ką ir Emauso mokiniai patyrė, kai jų širdys buvo užsidegusios, Kristui kelyje jiems kalbant ir atveriant Raštų prasmę.

S. Marija Dovydė Weill CSJ

Karalių Karalius

Prikalus ant kryžiaus Jėzų, žmonės stovėjo ir žiūrėjo. Seniūnai, tyčiodamiesi iš Jėzaus, kalbėjo: „Kitus išgelbėdavo – tegul pats išsigelbi, jei jis – Dievo išrinktasis Mesijas!"
Iš jo juokėsi ir kareiviai, prieidami, paduodami jam acto ir sakydami: „Jei tu žydų karalius – gelbėkis pats!" Viršum jo buvo užrašas: „Šitas yra žydų karalius."
Vienas iš nukryžiuotųjų nusikaltėlių ėmė įžeidinėti Jėzų: „Argi tu ne Mesijas? Išgelbėk save ir mus!"
Antrasis sudraudė jį: „Ir Dievo tu nebijai, kentėdamas tą pačią bausmę! Juk mudu teisingai gavome, ką esame užsitarnavę, o šitas nieko blogo nėra padaręs."
Ir jis tarė: „Jėzau, prisimink mane, kai ateisi į savo karalystę!" Jėzus jam atsakė: „Aš tau pažadu: dar šiandien su manimi būsi rojuje."

Lk 23, 35–43

Mūsų Valdovas, mūsų Viešpačių Viešpats ir Karalių Karalius sėdi nepaprastame soste. Jis karaliauja nuo Kryžiaus. Jis viešpatauja nuo Kryžiaus. Tai paskutinė, niekingiausia, baisiausia vieta šio pasaulio karalystėje.

Bet ji yra pirmoji Dangaus Karalystėje. Toje Karalystėje, kuri prasideda širdyje, sieloje, ir per ją skleidžiasi į pasaulį, savo šviesa vydama lauk šio tamsaus pasaulio kunigaikščio valdžią ir viešpatavimą. Vis dėlto, tamsybės priešinasi šviesai. Štai kodėl Jėzui atsisėdus į savo sostą – prikalus Jį ant Kryžiaus – žmonės tik stovi ir žiūri. Kaip visais laikais... O valdantieji, seniūnai, turintys galią kareiviai – tyčiojasi, įžeidinėja, niekina, reikalauja Jo viešpatavimo ir Karalystės įrodymo – tarsi Jo Karalystė būtų tokia kaip šio pasaulio karalystės. O ir mes – galbūt nesame kareivių ir seniūnų tarpe, tačiau maišomės bent jau minioje, kuri stovi ir žiūri, kaip pasaulio dvasia niekina ir tyčiojasi iš mūsų Viešpaties – per galingas žiniasklaidos priemones, per įstatymus, naujus papročius... Atrodo, kad tamsybės vėl grįžta. O mes tik stovime ir žiūrime. Ir kai atsitinka papulti į padėtį be išeities, žmogiškai kalbant – beviltišką, kai šaukiamės mūsų Viešpaties ir Karaliaus, mums atrodo, kad atsiliepia tik tuštuma ir tamsa... Tuomet ir mes atsirandame vienoje gretoje su šio pasaulio galingaisiais, kai būdami paties silpniausiojo padėtyje taip pat prikišame Viešpačiui: „Argi Tu ne Mesijas? Išgelbėk save ir mus! Žiūrėk, ką su Tavimi daro! Ką daro su Tavo atneštu tikėjimu, su Tavo atneštu žmogiškumu, tyrumu ir orumu; žiūrėk, ką daro su manimi! Ir Tu leidi? Argi Tu ne Mesijas?!"

Tačiau Jėzaus Karalystė yra ne iš šio pasaulio (plg. Jn 18, 36). Jo Karalystė yra Šviesos, Meilės ir Gailestingumo Karalystė. Tokio šventumo, tokios Meilės ir tokio Gailestingumo, kur Valdovas plauna vergams kojas (žr. Jn 13, 4–5); kur Aukščiausiasis Teisėjas sėdasi į teisiamųjų suolą, kad būtų nuteistas tikrųjų nusikaltėlių (žr. Jn 18, 19; 19, 13); kur visagalybė tampa pačiu didžiausiu silpnumu, kad atvertų mums akis ir parodytų, jog neįmanoma blogio nugalėti blogiu (žr. Jn 19, 5). Neįmanoma pasiekti taikos ir teisingumo šiame pasaulyje, jeigu reikalausime akies už akį ir danties už dantį (plg. Mt 5, 38), nes tada visi liksime akli ir bedančiai – vien žaizdos, jei tik apskritai liksime gyvi. Nes blogis, kovodamas prieš blogį, tik padvigubina blogį. Kalaviju nukirtus slibinui galvą, išauga dvi naujos, dar piktesnės. Vienintelis būdas nugalėti slibiną, kaip kad visose pasakose karalaitis jį nugali, yra įsmeigti jam į širdį – neapykanta, pykčiu ir smurtu alsuojančią širdį – stipresnės už juos Meilės ietį (plg. Rom 12, 21). O Viešpats leidžia, kad mūsų širdys būtų pervertos neapykantos ir smurto ietimi... Kodėl?

Mat būtent tada, kai, atrodytų, pasaulio kunigaikštis triumfuoja, persmeigęs Karalių Karaliui ir Viešpačių Viešpačiui ietimi Jo Širdį (plg. Jn 19, 34), iš tikrųjų būtent tą akimirką nenugalimoji Viešpaties, Jo Gailestingosios Meilės ietis perveria slibino širdį. Tokia dramatiška visų laikų kova, didžiausias ir įnirtingiausias mūšis vyksta kiekvieną kartą ir mūsų širdyje, kiekvieną kartą Eucharistijoje, kiekvieną kartą mūsų gyvenime, kai mes turime pasirinkti: ar akis už akį ir dantis už dantį – ar atsukti kitą skruostą tam, kuris mus muša; atiduoti ir marškinius tam, kuris iš manęs reikalauja apsiausto; ar nueiti du tūkstančius žingsnių su tuo, kuris prašo paėjėti su juo tūkstantį (plg. Mt 5, 38-41; Lk 6, 29)? Ir kai šiame pasaulyje esame visiškai beviltiškoje padėtyje be jokios išeities, kaip gerasis nusikaltėlis turime sudėti visą pasitikėjimą tik į Jį, į Viešpatį: „Jėzau, prisimink mane, kai ateisi į savo Karalystę!"

Šitas nebenužengs nuo kryžiaus. Kaip ir anas, kabantis iš kitos pusės. Vienintelis, galėjęs nužengti nuo Kryžiaus, lieka kartu su jais: su tuo, kuris tyčiojasi, ir su tuo, kuris Juo pasitiki, – idant atvertų mums visiems vartus į savo Karalystę, kad išvestų iš šio mirties ūksmės slėnio, iš mirties šešėlių olos į amžinąją šviesą (plg. Lk 1, 79). Ir, o varge, ta Karalystė ir yra Jėzaus Kryžius! Bet taip pat ir mūsų kryžius, mūsų kelias. Kad juo žengtume, turime tikėti ir pasitikėti, jog per savo kasdienę mirtį – savo jausmų, troškimų, žmogiškos garbės ir netgi savo kūno gyvybės mirtį – žengiame į tikrąjį gyvenimą, tikrąją garbę ir tikrąją Meilę. Kitaip – mes elgiamės kaip ta seniūnų, kareivių ir žmonių minia, kaip tas blogasis nusikaltėlis. Mes kvailai reikalaujame, kad Karalių Karalius mus gelbėtų pagal šio pasaulio logiką, kitaip sakant, kad sugrąžintų atgal į Egiptą, vergovės laikus, prie pilnų mėsos puodų ir svogūnų (plg. Iš 16, 3). Tačiau tiktai tapdami mažutėliais kaip pats Jėzus (o ant Kryžiaus Jis dar mažesnis negu Betliejaus prakartėlėje), mes kartu su Juo galime įeiti pro šiuos siaurus vartus, siauresnius net už adatos ausį (plg. Mk 10, 25; Mt 7, 14; 19, 24; Lk 18, 25) į tą Karalystę, kurios matmenims nėra galo – Ramybės ir Gailestingumo, Šviesos ir Meilės Karalystę.

Kiekvieną kartą, kai turime pasirinkti tarp šio pasaulio karalystės, šio pasaulio kunigaikščio ir mūsų Viešpaties, prisiminkime, kad šis pasaulis, visi jo geismai ir visa, kas jame, – praeina. Per amžius išlieka tik tas, kas vykdo dangiškojo Tėvo Valią (plg. 1 Jn 2, 17).

Šio pasaulio kunigaikštis yra užmetęs savo tinklus ir kabliukus ant mūsų gyvenimų. Kiekvieną kartą, kai mumyse sukyla pyktis, neapykanta, geležinio teisingumo ir keršto reikalavimas – visa tai tėra jaukas, užmestas mums. Jeigu jį prarysime – pražūsime. Bet jeigu liksime kaip Jėzus – tylintys ir pasitikintys, tada kartu su Juo laimėsime, nes kaip pranašas Izaijas pranašavo, tik „tyloje ir pasitikėjime yra jūsų stiprybė" (Iz 30,15 [Vulg.]) – tyloje, kuri šaukia garsiau už kaltintojus. Ne toje tyloje, kurioje minia stovėjo ir žiūrėjo į nukryžiuotąjį Jėzų, bet Meilės galybės kupinoje tyloje! Gailestingumo tyloje. Tokios galybės, kuria mokiniai ir tikėjimo išpažinėjai per visus amžius nugalėjo šį pasaulį, jo kunigaikštį ir savo budelius. Tarp mūsų dar tebėra tokių, kurie taip nugalėjo blogio imperijos tamsą – tiesa, meile ir atlaidumu.

Tikriausiai ir mums dar gali prireikti šitokios galybės. Nes laikas artėja, tamsa tirštėja... Tą dieną neužmirškime – ten, kur tamsa atrodo beviltiška, o padėtis be išeities, iš tikrųjų yra vartai į tikrąją Karalystę. Jeigu tik tikėsime ir pasitikėsime. Jeigu tik seksime savo Viešpatį ir Karalių. Paskui Jį – Pergalės eisenoje (plg. 2 Kor 2, 14), net jeigu šio pasaulio akimis tai bus pasmerktųjų eisena.

Prašykime ir maldaukime sau stiprybės tai akimirkai ir ruoškimės jai kiekvieną dieną. Nes kiekvieną dieną, per kiekvieną menkiausią pasirinkimą mes mokomės mirti sau, kad gyventume Dievui ir su Juo – amžinai. Dėl mūsų širdies kovoja tamsos ir šviesos karalystės. Tik nuo mūsų pačių, ne nuo aplinkybių priklauso, kaip pasirinksime. Todėl dar kartą kartoju: net kai padėtis atrodo be išeities, nesvarbu, ar būtume paskutiniai skurdžiai, ar didžiausi turtuoliai (mat, pastarieji savo turtų irgi yra varomi į kampą ir turi pasirinkti), būtinai prašykime malonės likti ištikimiems iki galo. Kad nugalėtume, ir nugalėję būtume pasodinti į sostą, kuriame sėdi mūsų Viešpats – į Tėvo sostą, už kurį aukštesnio ir nuostabesnio nėra (plg. Apr 3, 21).

2007 lapkritis (Kristus, Visatos Valdovas)

I Sėjėjas

Lelija tarp erškėčių

Angelas Gabrielius buvo Dievo pasiųstas į Galilėjos miestą, kuris vadinosi Nazaretas, pas mergelę, sužadėtą su vyru, vardu Juozapas, iš Dovydo namų; o mergelės vardas buvo Marija.

Atėjęs pas ją, angelas tarė: „Sveika, malonėmis apdovanotoji! Viešpats su tavimi!" Išgirdusi šiuos žodžius, ji sumišo ir galvojo sau, ką reiškia toks sveikinimas.

O angelas jai tarė: „Nebijok, Marija, tu radai malonę pas Dievą! Štai tu pradėsi įsčiose ir pagimdysi sūnų, kurį pavadinsi Jėzumi. Jisai bus didis ir vadinsis Aukščiausiojo Sūnus. Viešpats Dievas duos jam jo tėvo Dovydo sostą; jis viešpataus Jokūbo namams per amžius, ir jo viešpatavimui nebus galo."

Marija paklausė angelą: „Kaip tai įvyks, jeigu aš nepažįstu vyro?"

Angelas jai atsakė: „Šventoji Dvasia nužengs ant tavęs, ir Aukščiausiojo galybė pridengs tave savo šešėliu; todėl ir tavo kūdikis bus šventas ir vadinamas Dievo Sūnumi. Antai, tavoji giminaitė Elzbieta pradėjo sūnų senatvėje, ir šis mė-

nuo yra šeštas tai, kuri buvo laikoma nevaisinga, nes Dievui nėra negalimų dalykų."
Tada Marija atsakė: „Štai aš Viešpaties tarnaitė, tebūna man, kaip tu pasakei." Ir angelas pasitraukė.

Lk 1, 26–38

Kai buvome maži, mėgdavome vakarais prieš miegą klausytis pasakų, sekamų mamos ar močiutės. Jau paaugliams rūpėjo romanai apie meilę, – tada lįsdavai į tėvų biblioteką ir išknisdavai kokį. Bet labiausiai kvapą gniaužianti meilės istorija pranoksta visas pasakas ir romanus. Šią meilės istoriją mes ką tik girdėjome Evangelijoje, Dievo žodyje.

Tai įstabiausias įsimylėjimas, koks tik buvo žmonijos istorijoje! Dievas įsimylėjo nepaprastą Mergelę, kuri buvo visiškai paprasta ir būtent todėl – nepaprasta. Įsimylėjėlis Dievas siunčia pasiuntinį; ne bet ką – angelą, arkangelą Gabrielių, kuris visada buvo Dievo patikėtinis visokioms svarbioms misijoms. Jis jau buvo siųstas pas Zachariją, Jono Krikštytojo tėvą. Angelas ateina pasveikinti savo Karalienės (angelas tai jau žino!). Jis sveikina Karaliaus Nuotaką: „Sveika, malonėmis apdovanotoji!" – didžiausia Meilės Karaliaus malone – Jo Meile – apdovanotoji, Meile, kurios vardas yra Šventoji Dvasia, dieviškasis Asmuo, persmelkiantis Tėvą ir Sūnų, o dabar – persmelksiantis ir šią Mergelę.

Didžiausia malonė būti pamiltai Dievo! Dievas yra Meilė; toji Meilė – kaip saulė, kuri vienodai šviečia visiems, tačiau ne visi saulės šviesą vienodai priimame. Tie, kurie plačiai atveria savo namų langines, gauna daug šviesos. Afrikiečiai gyvena arčiau pusiaujo, tad jos gauna daugiau negu mes čia, Lietuvoje, ypač žiemą. Mergelė Marija buvo tokia „afrikietė", atlapojusi visus langus, nes buvo Nekaltai Pradėtoji, todėl jokia dėmė netrukdė Dievo Meilės spinduliams Jos pasiekti. Štai kodėl Ji buvo labiausiai mylima Dievo, – Ji priėmė Dievo Meilės spindulius! Ji buvo, tebėra ir amžinai bus mylima labiau už visus angelus ir šventuosius, nes yra plačiausiai atvėrusi savo Širdies „parabolinę anteną", kad sugaudytų visas Dievo Meilės bangas.

Štai kokį Meilės šedevrą sveikina arkangelas Gabrielius! Apie Ją Šventoji Dvasia Giesmių giesmėje mylimojo lūpomis buvo pasakiusi: „Kaip lelija tarp erškėčių, taip mano mylimoji tarp merginų" (Gg 2, 2). Iš tiesų Marija buvo kaip lelija – skaisčiausioji ir nekalčiausioji, tyriausioji, švenčiausioji, paprasčiausioji – joks superlatyvas nebūtų per stiprus nusakyti šios Mergelės grožiui ir gerumui, kuris taip patraukė Dievą, – Jos nuolankumui, paprastumui, mažumui ir neturtui. Visam tam, ko ir mūsų širdis taip ilgisi ir trokšta, tačiau nesugeba pasiekti, nes esame išpuikę, kietaširdžiai, egoistai, nemokantys delikačiai pasakyti, kad mylime, užgrobiantys meilę. Todėl mums taip sunku priimti Dievo Meilę, kurią taip paprasta priimti Marijai. „Nebijok, Marija, tu radai malonę pas Dievą!" – Tu esi Lelija tarp erškėčių!

Ši meilės istorija niekada nesibaigs: „Štai Tu pradėsi įsčiose ir pagimdysi Sūnų [Karalių], kuris viešpataus savo tėvo Dovydo soste, ir Jo viešpatavimui nebus galo." Tai bus Meilės, Ramybės ir Taikos Karalystė, išminties ir Dievo baimės Karalystė, apie kurią pranašavo Izaijas (plg. Iz 9, 7). Bet kaip tai įvyks? Nors Mergelė jau susižadėjusi su Juozapu, Jos žodžiai „jeigu aš nepažįstu vyro" reiškia, kad ši Mergelė iš tikrųjų neprieinama. Todėl, beje, Ji dar labiau pavergia Juozapo širdį, taip, kad šis pasiryžęs paaukoti viską, kad tik galėtų būti su Ja, girdėti Jos žodžius, balsą, matyti akis, Jos paprastumą, nuolankumą ir meilę – visa tai, kas keri mūsų širdį, išsiilgusią tikrosios meilės, tokios meilės, kuri užburia ir Dievo Širdį. „Kaip tai įvyks?", klausia Marija.

Tam tikra prasme Ji neprieinama ir Dievui, nes klausia: „Kaip tai įvyks, juk aš nepažįstu vyro? Juk tai Tu man įkvėpei malonę Tau pasišvęsti skaistumu ir mergyste nuo pat jaunumės. Ar turiu vis dėlto gyventi su Juozapu kaip vyras ir žmona?.." Angelas Jai atsako: „Šventoji Dvasia, Tėvo Meilės Dvasia, Tėvo Bučinys nužengs ant Tavęs, ir Aukščiausiojo Galybė pridengs Tave savo šešėliu."

Giesmių giesmė ir toliau pildosi: „Mylimojo šešėlyje aš atsisėdau, ir Jo vėliava virš manęs yra Meilė" (plg. Gg 2, 3–4). Šventoji Dvasia yra Mylimojo vėliava, Meilė, kuri pridengia Mylimąją, Leliją tarp erškėčių, padaro Ją uždaru sodu (plg. Gg 4, 12), kuriame sunoksta nuostabiausias Gyvybės Medžio vaisius. Jo lapai tinka tautoms gydyti (plg. Apr 22, 2), o vaisius teikia nemirtingumą, amžinąjį gyvenimą – Meilės, laimės ir begaliniai tyro, tik Dievui pažįstamo, džiaugsmo gyvenimą.

Šis vaisius, užsimezgęs „uždarame sode, užantspauduotame šaltinyje" (plg. Gg 4, 12) dovanojamas kiekvienam, kuris išdrįs atverti savo širdį ir patikėti, jog tokia beprotiška meilės istorija, pranokstanti visas pasakas ir romanus, iš tikrųjų yra įmanoma – jog Dievas iš tiesų yra Meilė, galinti taip pamilti vieną iš mūsų, kad Joje iš Meilės mums taptų žmogumi, idant ir mes, erškėčiai, taptume lelijomis ir rožėmis, Jo Meilės sodo grožybėmis, Jo paguoda ir džiaugsmu.

Taip, kaip Ji – gražiausioji ir tyriausioji...

2011 gruodis (Adventas)

Budėkite!

Jėzus pasakė savo mokiniams:
„Žiūrėkite, budėkite, nes nežinote, kada ateis tas laikas! Bus kaip su žmogumi, kuris iškeliavo svetur, paliko namus ir davė tarnams įgaliojimus, kiekvienam paskyręs darbą, o durininkui įsakė budėti.
Taigi budėkite, nes nežinote, kada grįš namų šeimininkas: ar vakare, ar vidurnaktyje, ar gaidgystėje, kad, netikėtai sugrįžęs, nerastų jūsų miegant.
Ką sakau jums, sakau ir visiems: budėkite!"

Mk 13, 33–37

Budėkite!

Tai pirmasis žodis, nuskambantis Advento pradžioje. Tas žodis skamba jau du tūkstančius metų; tiesą sakant, ir dar ilgiau – jis skamba nuo pat Adomo ir Ievos tremties iš Edeno sodo (žr. Pr 3, 22–24). Budėkite! „Budėkite, nes nežinote, kada ateis tas laikas!" Jėzus iškeliavo, paliko namus, bet kiekvienam davė įgaliojimus, kiekvienam paskyrė darbą, Dievo darbą – tikėti veiklia meile – kaip skruzdėms sanitarėms tempti visus luošus, paralyžiuotus, „numirusius" pas Jėzų. O durininkui įsakė budėti:

durininkas pirmasis sutinka grįžtantį Šeimininką ir apie tai turi įspėti visus namiškius. Šis darbas, kurio neįmanoma kitaip nudirbti, kaip tik tikėjimu, veikiančiu meile, priklauso pirmiausiai apaštalų įpėdiniams – jūsų vyskupams ir kunigams. O kas jų tarpe turi budėti pirmiausiai – gal popiežius, Petro įpėdinis? Ne! Pirmiausiai turi budėti mylimasis mokinys, kuris ir aną Prisikėlimo rytą pasakė likusiems mokiniams, taip pat ir Petrui: „Tai – Viešpats!" (Jn 21,7). Mat tada jų akys buvo lyg migla aptrauktos nuo darbo, ir dar nevaisingo: kiaurą naktį vargę, jie nieko nepagavo (plg. Jn 21, 3). Nemiegoję, sušalę, šlapi tikriausiai galvojo apie vienintelį dalyką – greičiau į lovą! O mylimasis mokinys sako: „Tai – Viešpats!" Jis yra durininkas, budintis ir laukiantis Šeimininko... Tuomet Petras, apaštalų pirmasis, puola į vandenį pasitikti Viešpaties (žr. Jn 21, 7), nors jis ir ne durininkas. Dievo Karalystėje jis gal ir durininkas, tačiau šioje žemėje jis yra prievaizdas, kuriam patikėta rūpintis, kad visi tarnai dirbtų savo darbą. Bet jis ne durininkas.

Toji mylimojo mokinio – durininko – dvasia ir toliau gyvuoja Bažnyčioje. Dvasia. Tai – nebūtinai institucijos, nebūtinai Šv. Jono vienuolija. Mylimojo mokinio dvasia pasilieka visoje Bažnyčioje, tose sielose, kurios su meile laukia ir budi. Jėzus pažadėjo Petrui, apaštalų pirmajam, kad mylimasis mokinys pasiliks iki kolei Jis pats sugrįš: „O kas tau, jei Aš trokštu, kad jis liktų, iki kolei Aš sugrįšiu? Tu sek paskui mane" (plg. Jn 21, 22), daryk savo darbus tikėjimu, veikiančiu meile. O mylimasis budės.

Tad mylimojo mokinio dvasia iš tikrųjų išlieka per visus tūkstantmečius – laukiančiųjų širdyse. Pirmiausia – tikrojo mylimojo mokinio širdyje, kuris yra ne šv. Jonas, bet Švč. Mergelė Marija. Ji yra budėtojų budėtoja, labiausiai laukiančioji. Tąjį laukimą Ji perdavė kitų laukiančiųjų širdims, visų tų, kuriems rūpėjo Jėzaus Širdies paslaptys, kurie ypač dėmesingai sekė kiekvieną Mokytojo žodį ir gestą: šv. Jono, jo įpėdinio šv. Polikarpo, šv. Margaritos Marijos Alakok (su Švč. Jėzaus Širdies apreiškimu), šv. Liudviko Marijos Grinjono Monforiečio, šv. Jono Eudo, šv. Teresės Avilietės, šv. Kūdikėlio Jėzaus Teresės, šv. Faustinos... Iš tikrųjų, mylimojo mokinio dvasia visada pasilieka Bažnyčioje; ji įdėmiai klausosi Jėzaus Širdies, seka kiekvieną įvykį ir klausia: ar jau, ar vis dar turime laukti?

Ir budėti reikia ne rytoj – budėti reikia dabar, šią akimirką, nes tik ši akimirka *yra*: ateities *dar nėra*, – ją mes tik įsivaizduojame; o tai, kaip žinote, dar nėra tikrovė, net jeigu galbūt ir išsipildys. Kaip ir praeities *nebėra* – ji liko tik mūsų atmintyje kaip formos, vaizdai, sąvokos. *Yra* vien ši akimirka. Tad Jėzaus sugrįžimo laukti reikia *dabar* – ne šį vakarą, ne rytoj, ne po metų, – *dabar*! Mes taip dažnai nesame su Juo ir neklausome Jo Širdies plakimo, kuris praneša – Jėzus artėja! Mes taip dažnai *mirkstame* praeityje – praeities nuoskaudose, nesėkmėse, – arba ateityje – ateities planuose, jos baimėje, – kad praleidžiame svarbiausią akimirką – *dabar*! Už *vakar* Jis jau nebeteikia malonių, ir už *rytoj* dar neteikia malonių. Jis malones dovanoja tik *dabar*, kad galėtume pakelti šios dienos kryžių, šios dienos išbandymą, šios dienos skausmą. O jeigu mes ant pečių užsikrauname praeities kryžių, kuriam nešti *jau* nebeturime malonės, ir dar ateities kryžių, kuriam nešti *dar* neturime malonės (ir kuris greičiausiai bus visai kitoks, nei įsivaizduojame), tada visiškai normalu, kad palūžtame. Juk tikrovė ir jai duota malonė *yra* tik šią akimirką...

Čia galima būtų prisiminti vieną pasaką, kaip užeigos savininkas pasiuntė jauniausiąją savo dukrą atnešti iš rūsio vyno. Dukra negrįžta; tada jis siunčia kitą – ir ta negrįžta; ir trečioji negrįžta. Pasiunčia žmoną – ir šioji negrįžta. Galiausiai pats užeigos savininkas nueina pasižiūrėti, kas gi darosi tame rūsyje. Žiūri, visos keturios jo moterys verkia, sustojusios ratu aplink vyno statinaitę. „Tai ko dabar", sako, „bliaunate?" Jauniausioji rodo į siją virš statinės, kur užkištas kirvis. Sako, „pažiūrėjau į tą kirvį, pamaniau, – juk galėjo ant manęs nukristi ir užmušti! – ir apsiverkiau..." Tuomet ir kitos, atėjusios ir išgirdusios jauniausiosios ašarų priežastį, pravirko. O juk ir mes kartais taip stovim ir verkiam – „o kas būtų buvę, jeigu..."

Dievo malonė – budėkite! – mums yra dovanojama tik šią akimirką. Todėl Jis ir sako: „Nesirūpinkite rytojumi, nes kiekvienai dienai užtenka savo vargo" (plg. Mt 6, 34) ir savo skausmo, savo išbandymų ir savo kryžių, ir kiekvienai dienai užtenka Jėzaus laukimo. O mes dažnai per pusryčius jau pietaujame, per pietus jau vakarieniaujame, guldamiesi į lovą jau keliamės... Mes niekada nedarome to, ką iš tikrųjų darome, nes visas pasaulis vis labiau skuba, tad bijome pavėluoti. Pavėluoti kur? Į susitikimą su Jėzumi? Jeigu esame tikintys krikščionys, tada mes iš tikrųjų galime į jį pavėluoti, bėgdami į ateitį, nes Jis sugrįš kažkurią *dabarties* akimirką. Jeigu mes laukiame Jėzaus ateinant nors ir rytoj, tada mes Jo nebelaukiame *dabar* – ir tuomet Jo sugrįžimas mums bus netikėtas. Štai kodėl taip svarbu gyventi šia akimirka.

Prašykime išmintingiausiąją Mergelę mus mokyti išminties gyventi *dabar*, o ateities rūpesčius palikti jų metui. Tik Jos rami ir nuolanki išmintis gali mus išmokyti tikro budėjimo ir tikro laukimo, nes „laikas yra arti" (Apr 1, 3). Ir tikrai, – dar niekad nebuvo taip arti, kaip šiandien. Viešpats ir dabar, per Eucharistiją, jau grįžta į savo namus – mūsų širdį. Tad laikų pabaiga jau prasidėjo, Eucharistijoje ji yra *dabar*. Jeigu ja ir gyvensime *dabar*, toji diena neužklups mūsų kaip vagis (žr. 1 Tes 5, 2–4; 2 Pt 3, 10; Apr 3, 3; 16, 15). Todėl „kas turi ausis, teklauso, ką Dvasia sako Bažnyčiai: „Laikas yra arti" (Apr 1, 3); ir – „Aš veikiai ateinu!" (Apr 22, 20).

2008 lapkritis (Adventas)

Mažutėlių laikas

Jėzaus Kristaus, Dievo Sūnaus, gerosios naujienos pradžia, kaip pranašo Izaijo parašyta: „Štai aš siunčiu pirma tavęs savo pasiuntinį, kuris nuties tau kelią. Dykumoje šaukiančiojo balsas: ‚Taisykite Viešpačiui kelią! Ištiesinkite jam takus!'"
Taip pasirodė dykumoje Jonas. Jis krikštijo ir skelbė atsivertimo krikštą nuodėmėms atleisti. Pas jį traukė visa Judėjos šalis ir visi Jeruzalės gyventojai. Jie išpažindavo nuodėmes ir buvo jo krikštijami Jordano upėje.
Jonas vilkėjo kupranugario vilnų apdaru, o strėnas buvo susijuosęs odiniu diržu. Jis valgė skėrius ir lauko medų. Jis skelbė: „Po manęs ateina galingesnis už mane – aš nevertas nusilenkęs atrišti jo kurpių dirželio. Aš jus krikštijau vandeniu, o jis krikštys jus Šventąja Dvasia."

Mk 1, 1–8

Evangelija šiandien mums kalba apie išėjimą į dykumą, per kurią reikia pereiti, norint pasiekti Pažado žemę. Advento laikas yra mažutėlių laikas. Jonas Krikštytojas, nors ir didžiausias tarp gimusių iš moterų (o vis dėlto, net mažiausias Dangaus Karalystėje yra didesnis už jį – plg. Mt 11, 11), tikrai yra mažutėlis. Dar mažesnė už Joną Krikštytoją yra Švč. Mergelė Marija – Dievo Mažutėlė, mylimasis Dievo vaikelis. Bet mažiausiasis iš mažutėlių yra patsai Jėzus. Per Adventą girdėsime Joną Krikštytoją, jo balsą, jo žodžius, matysime Mergelės Marijos tylą ir atvirumą Dievo slėpiniui, tačiau Jėzaus per visą Adventą taip ir nepamatysime ir neišgirsime, nes Jis dar tebėra po Motinos Širdimi, paslėptas net nuo Marijos žvilgsnio, – Mažutėlių Mažutėlis. Mažiausiasis yra didžiausias Dangaus Karalystėje (žr. Mt 18, 1–4); štai kodėl Jėzus – Dangaus Karalystės Karalius. Antra pagal mažumą – Mergelė Marija. Ji Rytų krikščionių bažnyčių ikonostasuose visada vaizduojama Jėzaus dešinėje; o trečias pagal mažumą – Jonas Krikštytojas – vaizduojamas kairėje[1].

Taigi, Adventas yra mažutėlių laikas, ir tik mažutėliai gali įeiti į Dangaus Karalystę. Kupranugariui lengviau išlįsti pro adatos ausį, negu išpuikėliui, turtuoliui, turtingam savimi ir tuo, ką jis turi šiame pasaulyje, įeiti į Dangaus Karalystę (plg. Mk 10, 25; Mt 19, 24; Lk 18, 25). Žinoma, Jonas Krikštytojas nėra kupranugaris – tiktai apsivilkęs kupranugario vilnos apdaru... Tačiau jis tikrai yra toks mažutėlis, jog galėtų išlįsti pro adatos ausį. Tos adatos, kuri yra mūsų puikybė, nuolat mus siundanti atsikirsti tuo pačiu, kai mus kas užkabina, ar netgi ir kirsti, nors niekas mūsų nekliudo, bet įtariame, jog atgal vis tiek neduos. Puikybė yra adata. Ji mus bado dieną naktį, ir tik mažutėlis, toks kaip Jonas Krikštytojas, apsivilkęs kupranugario vilnomis, gali nepažeistas išlįsti pro tą adatos ausį. Kur išlįsti, į kur įeiti? Išeiti iš Egipto, dvasinio Egipto ir dvasinės Sodomos, kaip Apokalipsė

[1] Anot pačių Rytų krikščionių, Marija Jėzaus dešinėje reiškia kontempliatyvų ir mistinį gyvenimą, o Jonas Krikštytojas – asketinį, todėl jų užtarimas ir yra toks galingas pas Dievą (aut. past.).

sako apie Babelę (žr. Apr 11, 8; 18, 4) – mūsų civilizaciją, mūsų kultūrą, kuri yra pilna ne Dievo ir ne meilės. Išeiti į dykumą, nes kol mes esame Babelėje, mieste, tol mes jaučiamės saugūs ir galingi. Net ir priemiesčiuose vis dar jaučiamės tokie, mat ir ten dar yra visokių parduotuvių ir kavinių, ir internetas, – visa tai, kas leidžia mums pasijusti galingiems. Tačiau reikia išeiti į dykumą, kad suprastum, koks esi mažutėlis, koks esi *niekas*, – smiltis tarp milijonų smiltelių Dievo didybės akivaizdoje. Žinoma, mums sunku taip jau imti ir išeiti iš tos Babelės, prie kurios mus laiko pririšę visokie darbai ir rūpesčiai, tačiau bent širdyje turime, privalome nors vieną dieną per savaitę – nors šią Viešpaties dieną – pasitraukti į savo širdies dykumą, atsistoti Dievo didybės akivaizdoje ir susivokti, jog tikrai esame mažutėliai, visiškai priklausomi vien nuo Jo. O jeigu įmanoma, tai ir porą Advento dienų ištrūkti iš šio pasaulio į rekolekcijų dykumą ir ten klausytis Šventosios Dvasios, šaukiančios Jono Krikštytojo – pamokslininkų pamokslininko ir pranašų pranašo – balsu.

Išėjimas į dykumą nėra tikslas pats savaime, nes dykuma yra tik etapas. Dievo tauta, Izraelio tauta išėjo į dykumą ne tam, kad ten pasiliktų, bet kad būtų nuskaistinta, taptų nuolanki, kad atsiverstų, taptų mažutėlė ir galėtų įeiti į Pažado žemę. Egipte būta skėrių, kurie viską ėda (žr. Iš 10, 14), ir todėl patys yra labai maistingi. Kai kurie mokslininkai net sako, kad mūsų ateitis bus valgyti skėrius ir kitus panašius vabzdžius, nes juose esama labai daug baltymų... Babelė pilna tokio maisto. Tačiau net ir išėję į Advento dykumą vis tiek nepabėgsime nuo Egipto maisto, *turėsime valgyti ir skėrius*. Vis dėlto ten taip pat yra ir medaus – Pažado žemės valgio, žemės, kuri plūsta pienu ir medumi (plg. Iš 3, 17; 13, 5), nuo kurio apsąla širdis, nes jis yra ženklas ir pranašystė dieviškojo maisto – manos, dangiškosios Jeruzalės puotos stalo vaišių. Tas medus mums, mažutėliams, yra duodamas, kad dar labiau trokštume, kad su dar didesniu užsidegimu keliautume į Pažado žemę. Žinoma, ten savo jėgomis neįeisime, mūsų kojos ten nenuneš: būtinai reikalingas Mozė, kuris atvestų iki Jordano, per kurį reikia pereiti – ne šiaip pereiti, bet per Krikštą būti panardintam į Jordano gyvybės vandenį, kad jis nuplautų mūsų širdis, mūsų mintis, numazgotų mūsų liežuvius, mūsų ausis ir akis, mūsų rankas ir kojas, nuplautų mus nuo galvos iki kojų ir išgydytų (plg. 2 Kar 5, 10), idant galėtume įeiti ten, kur taip trokšta mūsų širdis. Tačiau net ir perėjimas per Jordano vandenį yra tik ženklas dar kito Krikšto – krikštijimo Šventąja Dvasia ir ugnimi, nes Pažado žemė teka ne vien pienu ir medumi, ji taip pat plūsta šviesa ir ugnimi – Šventosios Dvasios Tiesa ir Meile. Ir tik tada, kai būsime ten panardinti, kai toji ugnis sunaikins mumyse visa, kas nėra tiesa ir jos šviesa – sunaikins visas mūsų tamsybes, kai sunaikins visa, kas mumyse nėra meilė – mūsų širdies šaltį ir kietumą, – kai liksime tik šviesa Šviesoje ir ugnis Ugnyje, – tik tada patirsime tą tikrąją laimę, dėl kurios esame sukurti ir dėl kurios kankinamės šioje Babelėje, šiame ašarų klonyje... „Ten susitiks gailestingumas ir ištikimybė, pasibučiuos taika su teisybe. Ten žemėje dygs ištikimybė, iš dangaus pažvelgs meiliai teisybė" (plg. Ps 84(85), 11-12).

To taip trūksta mūsų pasaulyje, to taip trūksta mūsų širdyje. Prašykime, prašykime šitos malonės, *kad taptume mažutėliai*. Apsivilkime kupranugario vilnų apdaru, kuris yra nuolankumas, kad galėtume paskui Joną Krikštytoją išlįsti pro puikybės adatos ausį ir kad jos nepažeisti galėtume įeiti į dykumą, idant joje būtume nuskaistinti, atversti, parengti įžengti į Pažado žemę – į Jėzaus Širdį, kuri plūsta pienu ir medumi, Vandeniu ir Krauju, kuri plūsta Šventąja Dvasia – begaline Dievo Meile kiekvienam iš mūsų, neapsakoma Dievo Meilės dovana *man*, – per šitą Eucharistiją, per tą mažytį mažytį Avinėlį, kuris atiduodamas už mane.

Jonas Krikštytojas sako: „Po manęs ateina galingesnis už mane"; jis nesako: „Didesnis". Iš tikrųjų ateina „mažesnis už mane", ir būtent dėl savo mažumo Jis yra galingesnis.

Broliai, sesės, kuo mes tapsime mažesni savo ir pasaulio akyse, tuo būsime galingesni pas Dievą Meilės galybe. Priimkime patį Mažiausiąjį šiandien su visa Jo Meilės galybe Eucharistijoje, kad išeitume į pasaulį kitokie.

2011 gruodis (Adventas)

Šviesa, neužgožiama jokių tamsybių

Pradžioje buvo Žodis. Tas Žodis buvo pas Dievą, ir Žodis buvo Dievas.

Jis pradžioje buvo pas Dievą. Visa per jį atsirado, ir be jo neatsirado nieko, kas tik yra atsiradę.

Jame buvo gyvybė, ir ta gyvybė buvo žmonių šviesa. Šviesa spindi tamsoje, bet tamsa jos neužgožė.

Buvo atėjęs Dievo siųstas žmogus, kurio vardas Jonas. Jis atėjo kaip liudytojas, kad paliudytų šviesą ir kad visi jo dėka įtikėtų. Jis pats nebuvo šviesa, bet turėjo liudyti apie šviesą.

Buvo tikroji šviesa, kuri apšviečia kiekvieną žmogų, ir ji atėjo į šį pasaulį. Jis buvo pasaulyje, ir pasaulis per jį atsiradęs, bet pasaulis jo nepažino. Pas savuosius atėjo, o savieji jo nepriėmė.

Visiems, kurie jį priėmė, jis davė galią tapti Dievo vaikais – tiems, kurie tiki jo vardą, kurie ne iš kraujo ir ne iš kūno norų, ir ne iš vyro norų, bet iš Dievo užgimę.

Tas Žodis tapo kūnu ir gyveno tarp mūsų; mes regėjome jo šlovę – šlovę Tėvo viengimio Sūnaus, pilno malonės ir tiesos.

Jonas apie jį liudija ir skelbia: „Čia tasai, apie kurį aš kalbėjau: Tas, kuris paskui mane ateis, anksčiau už mane yra buvęs, nes jis už mane pirmesnis."
Tikrai, iš jo pilnatvės visi mes esame gavę malonę po malonės. Kaip Įstatymas duotas per Mozę, taip tiesa ir malonė atėjo per Jėzų Kristų.
Dievo niekas niekada nėra matęs, tiktai viengimis Sūnus – Dievas, Tėvo prieglobstyje esantis, mums jį apreiškė.

Jn 1, 1–18

„Pradžioje buvo Žodis, tas Žodis buvo pas Dievą, ir tas Žodis buvo Dievas."

Apie kokį Žodį čia kalbama? Tai Žodis, kurio jokio žmogaus lūpos niekada negalėjo ištarti ir neištars. Žodis, kurio jokio žmogaus ausys niekada negalėjo išgirsti ir neišgirs. Tai neištariamas Žodis, nors ir tariamas visą amžinybę, tariamas Tėvo. Ne lūpomis tariamas, ir ne ausimis girdimas. Tariamas Dievo gelmėmis, Dievo Širdimi, girdimas ir suprantamas tik Dievo gelmėmis ir Jo Širdimi, nes šitas Žodis pats yra Dievas. „Per Jį visa yra atsiradę": visa, kas egzistuoja, atsirado per šį Prasmės ir Meilės Žodį, kurį tegali tarti tik Dievas, kurį gali girdėti vien Dievas, kurį ir suprasti gali tik Dievas. Tame Žodyje – ne taip, kaip mūsų žodžiuose, kurie suskamba, nuaidi ir nutyla, – tame Žodyje „buvo gyvybė, ir toji gyvybė buvo žmonių šviesa". Tai Gyvybė, kuri yra Šviesa, Gyvybė, kuri atveria mūsų akims Prasmę. Tai ne šiaip kokia gyvybė – tarakono ar musės, nors jau ir tarakonas ar musė yra baisiai nuostabūs, kai įsižiūri į juos. Vien tuo, kad jie gyvi, jie yra nuostabesni už žvaigždynus. O ką jau kalbėti apie dvasinę gyvybę... kuri gali pažinti tiesą, kuri gali mylėti – gėrį mylėti... Toji gyvybė yra žmonių šviesa. Toji gyvybė teikia prasmę, nuskaidrina mus, apšviečia – kaip šviesa, kuri spindi tamsoje, ir kurios tamsa negali užgožti. Tai *prasmės* šviesa, kurios negali užgožti beprasmybės ir absurdo tamsa. Pasaulis skendi baimės tamsoje, beprasmybėje ir absurde, ir jeigu jis nepriima šios Šviesos, kuri atėjo į pasaulį, tikrosios Šviesos, kuri apšviečia kiekvieną žmogų, tada jis ir lieka mirties glėbyje (plg. 1 Jn 3, 14) – tamsoje, absurde ir beprasmybėje. Tačiau kiekvienas, kuris priima šią Šviesą, atėjusią į mūsų pasaulį, ir per kurią pasaulis atsirado, kiekvienas toks žmogus pats tampa šviesa.

Pirmasis, kuris liudijo apie Šviesą, nors pats ir nebuvo šviesa, buvo Jonas. Jis yra Izaijo pranašystės išsipildymas: „...klausykis, jau šūkauja tavo žvalgai, visi drauge džiūgauja, nes jie akivaizdžiai mato, jog Viešpats į Sioną grįžta" (Iz 52, 8). Jonas yra tasai žvalgas, kuris stebėjo, žvelgė, laukė, kada suspindės pirmieji patekančios Teisingumo Saulės (plg. Mal 3, 20) spinduliai. Ir jis mums visiems džiaugsmingai sušuko: diena jau arti, naktis jau traukiasi (plg. Rom 13, 12), ateina Prasmė ir Džiaugsmas, ateina Gyvybė!

Kad galėtume įžvelgti šią Prasmę, šią Šviesą, turime plačiai atverti savo širdies akis. O jos atveriamos tik tikėjimu. Žodį mes galime priimti tik tikėjimu, o kartu su Juo – ir galią tapti Dievo vaikais, Šviesos vaikais, tapti Prasmės, Protingumo, Meilės vaikais. Ta galia suteikiama „tiems, kurie tiki Jo vardą, kurie ne iš kraujo ir ne iš kūno norų, ir ne iš vyro norų" – ne iš šio pasaulio antrinių priežasčių, – „bet iš Dievo užgimę". Tiems, kurie yra paliesti šios Šviesos, ateinančios į pasaulį, teikiančios Prasmę, teikiančios Gyvybę, teikiančios tvarką, protingumą ir tikslą...

„Tas Žodis tapo kūnu" – tapo vienu iš mūsų „ir gyveno tarp mūsų". Ne tik gyveno, ne tik tapo – Jis tebegyvena, Jis tebėra tarp mūsų – „štai aš Esu su jumis per visas dienas iki pasaulio pabaigos" (Mt 28, 20), iki laikų pabaigos – savo švenčiausiuoju Kūnu, mūsų tarpe – kad galėtume regėti „Jo šlovę, šlovę

Tėvo viengimio Sūnaus, pilno malonės ir Tiesos", šlovę, kuri yra Šventoji Dvasia, pridengusi savo šešėliu skaisčiausiąją ir tyriausiąją Dievo Motiną (žr. Lk 1, 35), šlovę, kuri spindi malone, kuri spindi Tiesa, kuri apšviečia kiekvieną, žvelgiantį į Betliejaus Kūdikėlį, kuris yra Dievas, kuris yra Šviesa ir Prasmė.

„Tikrai iš Jo pilnatvės visi mes esame gavę malonę po malonės. Įstatymas buvo duotas per Mozę..." Įstatymas buvo tarsi Jonas Krikštytojas, skelbiantis, kad ateina Šviesa, nors jis pats ir nebuvo Šviesa. Įstatymas tik skelbia apie malonės ir Tiesos pilnatvę, kuri apsireiškia Jėzuje Kristuje. „Dievo niekas niekada nėra matęs", nes Dievas yra Žodis, ir tik Dievas tegali girdėti, suprasti ir ištarti šį Žodį. Todėl „tiktai viengimis Sūnus, Dievas", patsai Žodis, „Tėvo prieglobstyje", Tėvo gelmėse, Tėvo įsčiose esantis, „mums Jį apreiškė" – kad nebebijotume, kaip visas pasaulis, kad nebeklaidžiotume beprasmybės ir absurdo tamsybėse, bet kad regėtume Jį tokį, koks Jis yra, ir todėl būtume panašūs į Jį (plg. 1 Jn 3, 2), jau dabar.

Kokia nepaprasta dovana – tikėjimas, kuriuo vieninteliu galima atpažinti Tą, kurio „pasaulis nepažino", Tą, kurio „savieji nepažino", – nors „pasaulis per Jį atsiradęs", nors Dievo tauta yra Jo išsirinkta. Visi mes esame Jo sukurti. Tai toks nuostabus dalykas, ir jo niekada iki galo nesuvoksime! O dar nuostabesnis dalykas yra tai, kad sukurtasis pasaulis, sukurtoji gyvybė, nusigręžusi nuo savo Šaltinio ir todėl panirusi į beprasmybės ir absurdo tamsą, į mirties gelmes, Šviesai ateinant į tas mirties ir tamsybių gelmes, tampa išgelbėta, atpirkta, vėl nušviesta ir įprasminta. Šitą stebuklą suprasti yra dar sunkiau, negu mūsų sukūrimo stebuklą.

Taip yra todėl, kad mes pernelyg gerai žinome ir savo, ir kitų nuodėmes, savo ir kitų silpnybes, niekšiškumą, tamsą, todėl, kad esame nuolat gundomi tamsybių netikėti Prasme, netikėti Meile, netikėti Tiesa, nes aplinkui tiek melo, beprasmybės ir smurto. Vis dėlto savo tikėjimu mes nugalime tamsą (plg. 1 Jn 5, 5), nes būtent tas tikėjimas ir yra Šviesa, spindinti mūsų širdyse, mūsų gyvenimuose. Tam reikia tik vieno, labai paprasto dalyko – išdrįsti *patikėti*, kad nepaisant viso to blogio, kurį matome savyje ir kituose, tamsa negali užgožti Šviesos, kad toji Šviesa atėjo į mūsų pasaulį, į mūsų širdis, ir kad niekas Jos negali užgesinti. Todėl į Kūdikėlį Jėzų žvelkime ne tik žmogaus akimis, bet ir savo tikėjimu, idant Jame įžvelgtume Žodį, tapusį kūnu, įžvelgtume Šviesą, o Joje – Prasmę ir Viltį.

2009 gruodis (šv. Kalėdos)

II ...išsirengė sėti...

Epifanija

Jėzus iš Galilėjos atėjo prie Jordano pas Joną krikštytis. Jonas jį atkalbinėjo: „Tai aš turėčiau būti tavo pakrikštytas, o tu ateini pas mane!"
Bet Jėzus jam atsakė: „Šį kartą paklausyk! Taip mudviem dera atlikti visa, kas reikalinga teisumui." Tada Jonas sutiko.
Pakrikštytas Jėzus tuoj išbrido iš vandens. Staiga jam atsivėrė dangus, ir jis pamatė Dievo Dvasią, nusileidžiančią tarsi balandį ir plevenan čią virš jo. O balsas iš dangaus prabilo: „Šitas yra mano mylimasis Sūnus, kuriuo aš gėriuosi."

Mt 3, 13-17

Deginančioje mūsų pasaulio ir mūsų sielos dykumoje – toje dėl nuodėmės nevaisingoje, negyvoje dykvietėje – pasigirsta Pirmtako balsas: „Štai ateina prie rojaus vartų pirmiesiems mūsų tėvams pažadėtas Gelbėtojas, kuris vėl pražydins dykumą, perkeis nederlingą tyrlaukį į Gyvojo Vandens sroves!" Pats Dievas, mūsų Kūrėjas, tampa panašus į mus, kad apvalytų mus, subjaurotus nuodėmės raupsų, kad iš vidaus mus perkeistų, padarydamas mus panašius į Jį. Ant Kryžiaus Jis išgelbsti tą žmogystę, kurią gimdamas apsivilko – išgelbsti krikštydamas ją savo Krauju ir panardindamas į tyrą ir apvalančią Šventosios Dvasios ugnį, Meilės ugnį. O savo Krikšto slėpiniu, kurį šiandien švenčiame, Jis skelbia naująją kūriniją, sutuoktuves su Bažnyčia – savąja Nuotaka be dėmės ir raukšlės (žr. Ef 5, 27), paimta iš perverto Jo šono.

Šis Krikšto slėpinys – tai trečioji didžiosios epifanijos, didžiojo Gailestingosios Meilės Dievo apsireiškimo dalis. Pirmoji dalis – tai Užgimimas, kurio metu neregimasis ir nesuvokiamasis Dievas tapo kūnu, idant pasirodytų savo artimiausiųjų akims – Skaisčiausiajai Mergelei, šv. Juozapui, Jos skaisčiajam sužadėtiniui, nuolankiems ir vargingiems piemenėliams, o galiausiai ir visai kūrinijai, kurią simbolizuoja asilas ir jautis, kad galėtų išsipildyti Izaijo pranašystė: „Jautis pažįsta savo savininką, ir asilas – savo šeimininko ėdžias; tik Izraelis nežino, mano tauta nesupranta" (Iz 1, 3). Antroji dalis – tai Rytų išminčių pagarbinimas. Žvaigždė juos atvedė (žr. Mt 2, 9) pas Tikrąjį Karalių, Ramybės Kunigaikštį, Amžinąjį Tėvą (plg. Iz 9, 5), prieš kurį pulti veidu šlovindamos ateis visos tautos (plg. Iz 49, 23). Galiausiai Krikštas – tai Dievo Meilės paslapčių apreiškimas kiekvienai tiesos ir gyvenimo ištroškusiai sielai; tos paslaptys – tai vidinis Dievo gyvenimas, t. y. Švč. Trejybės slėpinys, ir Jo Meilė puikybės maišto sugadintam kūriniui, t. y. išganymas, vykstantis atkuriant ir sudievinant mūsų žmogystę, kuria Žodis įsikūnijimu apsivelka. Mėginkime ir mes ten pasinerti tiesos troškimo nuskaidrintu žvilgsniu.

Kodėl Jėzų pakrikštija Jonas Krikštytojas? Juk šis sako, kad turėtų būti priešingai – tai jis turėtų būti Jėzaus pakrikštytas? O vis dėlto Jėzus jam liepia paklusti – visai kaip tada, kai per Paskutinę Vakarienę liepė paklusti Petrui, niekaip nesusitaikančiam su tuo, kad Jėzus, Viešpats ir Mokytojas, mazgotų jam kojas (žr. Jn 13, 6–8). Šitaip paklusdami kartu su Jonu Krikštytoju galime įsiskverbti į didįjį šiuo Jėzaus gestu įvykdomą begalinės Meilės apreiškimą.

Pirmiausia prisiminkime, kad vanduo biblinėje kalboje reiškia ne tik gaivinančią ir gydančią galią, bet ir pirmykštį chaosą bei nuodėmės, kuri yra mirtis, grėsmę. Tad nusileisti į Krikšto maudynę pirmiausia reiškia *numirti* – tai senojo žmogaus paskandinimas, kurį vaizdavo tvano vandenys, nušluojantys nuo žemės paviršiaus bet kokį nedorumą (žr. Pr 7, 17–24); tą paskandinimą simbolizavo ir Raudonosios jūros vandenys, išnaikinantys egiptiečius (žr. Iš 14, 26–28) – tuos nepermaldaujamus engėjus, laikiusius Dievo išrinktuosius tironiškoje vergijoje. Be abejo, net neverta priminti, kad tie persekiotojai savo ruožtu reiškia mirtinus mūsų sielos priešus – didįjį slibiną, senąją gyvatę, kuri suvedžiojo visą pasaulį (plg. Apr 12, 9), melagį ir melo tėvą (Jn 8, 44), o paskui ir nuodėmę, pajungiančią mus žiauriai ir negailestingai jo valdžiai. Anot šv. Pauliaus, Jėzus dėl mūsų tapo nuodėme (žr. 2 Kor 5, 21), prisiimdamas visas mūsų negalias ir dvasines ligas (plg. Iz 53, 4), kad ant Kryžiaus paskandintų jas savo Kraujo Krikštu, kad sudegintų jas savo Meilės, kuri yra Šventoji Dvasia, ugnimi. Jėzaus Krikštas reiškia ir vaizduoja tą Meilę iki mirties, iki Kryžiaus mirties (plg. Fil 2, 8) – mirtį iš Meilės; taip pat jis skelbia ir mūsų Krikštą. Juk mūsų Krikštas mus panardina į Jėzaus mirtį iš Meilės, mirtį savajam egoizmui, mirtį nuodėmės mirčiai. Būtent taip Krikštas mus įvesdina į krikščionio gyvenimą, kuris yra ne kas kita, o kasdienė Meilės kankinystė, rengianti mus galutiniam mūsų gyvenimo įvykiui – kūno mirčiai ir net, – jei taip patiks Dievui, – kruvinai kankinystės mirčiai; tačiau toji mirtis – tai mirtis iš Meilės, todėl iš tikrųjų mes ne mirštame, o įžengiame į tikrąjį Gyvenimą, amžinąjį Meilės Gyvenimą. Krikštu reiškiama mirtis taipogi yra naujas gimimas, nes kartu su iš vandens išbrendančiu Jėzumi visa mūsų žmogystė išbrenda iš nuodėmės mirties

– Dievo Dvasios atkurta ir atgaivinta žmogystė. Toji Dvasia, pasaulio pradžioje dvelkusi viršum pirmykščių vandenų (žr. Pr 1, 2), Dvasia, kurią Kūrėjas įkvėpė į pirmojo Adomo šnerves (žr. Pr 2, 7), dabar nusileidžia balandžio pavidalu – kaip kadaise Nojaus arkos balandis, snape atnešęs naują gyvybę skelbiančią alyvmedžio šakelę (žr. Pr 8, 8–12) – alyvmedžio, iš kurio gaunamas aliejus nuo šiol Sutvirtinimo sakramentu teikia tos Meilės Dvasios artumą. Tos pačios Meilės balandis nusileidžia ant naujojo Adomo, o per Jį – ant kiekvieno iš mūsų, Krikštu numirusių kartu su Juo ir kartu su Juo prisikėlusių amžinajam nesibaigiančios laimės gyvenimui (plg. Rom 6, 8), nes būtent tai ir yra Krikštas Šventąja Dvasia, kuriuo Jėzus mus krikštija, – Krikštas Jo Prisikėlimu, kuris yra Meilės pergalė prieš mirtį pačioje mirtyje. Kančia ir mirtis tampa būdu mylėti ir dovanoti save, dovanoti iki galo – taip, kaip Jėzus: štai didžioji krikščioniškojo gyvenimo paslaptis, kurią turime pavydžiai saugoti savo širdyje ir gyvenime, ir kuri per šio pasaulio dykumą nuves mus iki Pažadėtosios žemės – Tėvo prieglobsčio, sužeistosios Sūnaus Širdies ir Jųdviejų Meilės artumo, kuris yra Dvasia, toji Dvasia, dėl kurios Tėvas ištaria: „Tu mano mylimasis Sūnus, Tavimi aš gėriuosi", t. y. atidaviau Tau visą savo Dvasią, idant savo kūne būtum mano Šventykla.

Broliai, seserys, šie Tėvo žodžiai skiriami ir mums, nes nuo šiol Tėvas į mus žvelgia tik per savo vienatinį mylimąjį Sūnų, kuriame ir mes esame sūnūs. Šito įrodymas ir laidas yra tai, kad per šią Krikšto epifaniją, skelbiančią galutinę Kryžiaus epifaniją, Jis mums atskleidžia svaiginančias savo vidinio gyvenimo gelmes – didįjį Švč. Trejybės slėpinį, tą amžiną ir nepertraukiamą Meilės apytaką tarp Tėvo ir Sūnaus Jų Dvasia, į kurią ir mes esame įtraukiami jau nuo dabar ir amžių amžiams.

2011 sausis (Kristaus Krikštas)

Meilės stebuklas

Galilėjos Kanoje buvo vestuvės. Jose dalyvavo Jėzaus motina. Į vestuves taip pat buvo pakviestas Jėzus ir jo mokiniai. Išsibaigus vynui, Jėzaus motina jam sako: „Jie nebeturi vyno." Jėzus atsakė: „O kas man ir tau, moterie? Dar neatėjo mano valanda!" Jo motina tarė tarnams: „Darykite, ką tik jis jums lieps." Ten buvo šeši akmeniniai indai žydų apsiplovimams, kiekvienas dviejų trijų saikų talpos. Jėzus jiems liepė: „Pripilkite indus vandens." Jie pripylė sklidinus. Tuomet jis pasakė: „Dabar semkite ir neškite prievaizdui." Tie nunešė.
Paragavęs paversto vynu vandens ir nežinodamas, iš kur tai (nors tarnai, kurie sėmė vandenį, žinojo), prievaizdas pasišaukė jaunikį ir tarė jam: „Kiekvienas žmogus pirmiau stato geresnio vyno, o kai svečiai įgeria, tuomet prastesnio. O tu laikei gerąjį vyną iki šiolei."
Tokią stebuklų pradžią Jėzus padarė Galilėjos Kanoje. Taip jis parodė savo šlovę, ir mokiniai įtikėjo jį. Paskui jis su savo motina, broliais ir mokiniais nukeliavo į Kafarnaumą. Ten jie pasiliko kelias dienas.

Jn 2, 1–12

Motina Bažnyčia Kalėdų laiku mus kviečia minėti Viešpaties Jėzaus gyvenimo mūsų tarpe pradžios slėpinius, kurie tačiau yra Jo žemiškosios kelionės pabaigos, apmąstomos ir išgyvenamos per Gavėnią, o ypač Didžiąją savaitę, provaizdžiai: Viešpaties Jėzaus Gimimas jau yra Kapo slėpinio, Jo mirties simbolis ir provaizdis. Dievui tapti žmogumi yra didžiulis savęs apiplėšimas (plg. Fil 2, 7) – panašiai, kaip žmogui mirti. Ne veltui mūsų broliai Rytų krikščionys, *rašydami* Viešpaties Gimimo ikonas, vaizduoja prakartėlę kaip Kapą, o Kūdikėlio Jėzaus vystyklus – kaip įkapių drobulę...

Viešpaties Jėzaus Kristaus Krikšto slėpinys taip pat yra Jo mirties, Jo savęs apiplėšimo ant Kryžiaus provaizdis, simbolis ir pranašystė. Mat krikštas nėra pirmiausia nuplovimas, krikštas pirmiausia – mirtis, kai krikštijamasis nardinamas į vandenį, pakrikštijamas Kristaus mirtyje, kad dalyvautų ir Jo Prisikėlime. Kaip Jėzaus Krikštu, išreiškiančiu mirtį, kiekvieno iš mūsų krikštas tampa keliu ir vartais į prisikėlimą, amžinąjį išgelbėjimą, taip ir tai, ką tas Krikštas simbolizuoja ir pranašauja – Jėzaus mirtį ant Kryžiaus – padaro, kad ir kiekvieno iš mūsų mirtis tampa nebe blogio pergale, bet keliu į tikrąjį Gyvenimą, apstų, kupiną Šviesos ir Meilės. Štai kodėl krikščioniui krikštas nėra vien tik paprastas nuplovimas vandeniu, bet dalyvavimas paties Dievo gyvenimo slėpinyje, dėl kurio krikščioniui ir mirtis nebėra vien tiktai žmogiško gyvenimo kelio pabaiga.

Galilėjos Kanos vestuvių istorija yra to paties pagrindinio mūsų žmogiškosios istorijos įvykio – Jėzaus mirties, kuri mums teikia gyvybę, – provaizdis, simbolis ir pranašystė. Per šias vestuves įvyksta tikrųjų – Avinėlio ir Bažnyčios – vestuvių pranašystė. Vestuvės, kaip žinia, du sujungia į vieną taip, kad niekas nebegali jų išskirti, – nebent nuodėmė, nuodėmės mirtis. Kristus ir Bažnyčia taip pat tampa vienu Kūnu būtent ant Kryžiaus,

Kryžiaus šlovės spindesy. Ir tai įvyksta per Jėzaus Kraują, išlietą už mus, idant Jo Kraujas taptų mūsų krauju, mūsų gyvybe (nes kraujas Šventajame Rašte reiškia gyvybę – žr. Įst 12, 23). Vadinasi, šiose Kristaus ir Bažnyčios vestuvėse ant Kryžiaus dalyvaujame ir kiekvienas iš mūsų, nes esame to mistinio Kristaus Kūno – Bažnyčios nariai. Ir tas dalyvavimas yra labiau svaiginantis už vyną, kaip Giesmių giesmėje pasakyta: „Tavo meilė saldesnė už vyną" (Gg 4, 10). Toji Meilė ir yra dieviškasis gyvenimas, į kurį kiekvienas iš mūsų esame kviečiami. Žengimas į šį gyvenimą mums dažnai yra labai skausmingas – skausmingas mūsų jautrumui, juslėms, mūsų išgyvenimams. Mat kai nebejaučiame Dievo, Jo Meilės, Jo Šviesos, atrodo, kad viskas baigta, kad Dievas mus apleido ir užmiršo. Kai mūsų ryšys su Dievu tampa *prėskas*, viskas atrodo žlugę: kokios dar gali būti vestuvės be vyno, vynui išsibaigus? Ir mūsų santykyje su Dievu, ir mūsų pašaukime: ar tai būtų pašaukimas į šeimą, ar į vienuolyną, ar į kunigystę. Kai viskas tampa *prėska*, mums atrodo, kad suklydome. Tačiau būtent tada, kai viskas tampa *prėska* ir kai atrodo, kad reikia kuo greičiau pabėgti iš tos situacijos – iš šeimos, bendruomenės, iš tikėjimo, iš Bažnyčios, – būtent tada reikia nepaprasto tikėjimo, kurio mes, deja, neturime, bet kurį turi Mergelė Marija, kuri tiki už mus ir kuri už mus meldžiasi.

„Kas man ir Tau, Moterie?" – atsakė Jėzus Marijai. „Dar neatėjo mano valanda!" Mat Jėzaus valanda yra Kryžius – tikrasis išsipildymas to, kas pranašaujama šiuo Kanos vestuvių ženklu. Bet Mergelės Marijos prašymas, maldavimas ir užtarimas yra realus jau dabar. Mums tos vestuvės visiškai išsipildys amžinybėje, bet jau dabar jos realiai prasideda Mergelės Marijos maldoje, užtarime, Jos tikėjime, kai Ji sako: „Darykite, ką tik Jis jums liepš." Ir mums tada tereikia paklusti: semti iš savo širdies *prėską* vandenį ir nešti jį tiems, kam turime nešti: šeimoje – vyras žmonai, žmona vyrui; bendruomenėje – broliai broliams, seserys seserims; kunigystėje – kunigas Dievo tautai, o Dievo tauta, ateinanti į šv. Mišias, – kunigui, pagaliau – Dievui. Dažnai atrodo, kad tai tik *prėskas* vanduo ir jokio džiaugsmo, kurį teikia vynas, negali nė būti. Bet jeigu tai darome iš paklusnumo Jėzui, su tikėjimu, tada įvyksta stebuklas – tas vanduo tampa dar geresniu vynu už pirmąjį, ir to vyno yra apsčiai: šeši dviejų trijų saikų talpos indai, maždaug 600 litrų! Atkreipkite dėmesį, kad tarnai to vyno neparagauja, nes jie tarnauja. Kaip ir mes, ko gero, nieko nepajusime iš to pasikeitimo, kai tikėjimo paklusnumu semdami *prėską* vandenį iš savo širdies nešime tiems, ką turime mylėti. Bet jį gaunantieji ragaus nepaprasto skonio, nežemiško vyno. Tai atrodo beprotybė, bet... Kartą viename vienuolyne atsakingajam už svečių priėmimą buvo labai sunku priimti vieną viešnią, bet priėmė, – „mirė sau". Girdėjau atsakingojo už svečius skundą: „Man buvo taip sunku priimti tą viešnią..." Vėliau išgirdau anos viešnios pasidžiaugimą: „Kaip nuostabiai buvau priimta!" Tiesiog buvo galima prisiliesti prie stebuklo, kuris šiandien pasakojamas Evangelijoje: buvo atneštas tik „prėskas vanduo", tačiau jis tapo vynu – dieviškosios Meilės vynu, daug geresniu, negu žmogus gali įpilti.

Būtent taip Viešpats parodo savo Šlovę, ir tik taip mes galime didžiausioje naktyje, išbandymuose ir suspaudimuose įtikėti Jį taip, kaip Mergelė Marija po Kryžiumi.

Tas stebuklas, kuris įvyksta ant altoriaus – duona tampa Jėzaus Kūnu, o vynas – Jo Krauju, – gali įvykti ir mumyse – mūsų širdyse ir mūsų gyvenimuose. Tada, priėmę Jėzaus Kūną, jau nebe mes gyvename, bet Jis mumyse (plg. Gal 2, 20). Priėmę Jėzaus Kraują, nebe mes gyvename, bet Šventoji Dvasia mumyse. Mūsų *prėskas* žmogiško gyvenimo vanduo tampa dieviškojo gyvenimo vynu. Gal neilgam: iki pirmo egoistiško atsigręžimo į save, pirmos apkalbos ar melo, iki pirmos nuodėmės, – bet nors kuriam laikui gyvename dievišką gyvenimą. Kokia beprotybė, tiesa? Daug didesnė, negu vandenį vynu paversti, bet ji yra tikrovė ir įvyks dar ir dar kartą, jeigu klusniai, pasitikėdami Švč. Mergelės Marijos tikėjimu ir užtarimu, semsime savo širdies *prėską* vandenį ir nešime jį kitiems – ar tai būtų Dievui, ar artimui. Tada pasirodys Viešpaties Šlovė, ir žinosime, kad esame išgelbėti tikrajam, amžinajam, nenykstančiam dangiškajam džiaugsmui, kurio didžiausias šio pasaulio džiaugsmas, netgi mistinis džiaugsmas, yra tik labai labai blankus atspindys.

2007 sausis

Prisiartino Dievo Karalystė

Kai Jonas buvo suimtas, Jėzus sugrįžo į Galilėją ir ėmė skelbti gerąją Dievo naujieną: „Atėjo metas, prisiartino Dievo karalystė. Atsiverskite ir tikėkite Evangelija!"
Eidamas palei Galilėjos ežerą, Jėzus pamatė Simoną ir Simono brolį Andriejų, metančius tinklą į ežerą; buvo mat žvejai. Jėzus tarė: „Eikite paskui mane! Aš jus padarysiu žmonių žvejais." Ir tuojau, palikę tinklus, juodu nuėjo su juo.
Paėjėjęs truputį toliau, jis pamatė Zebediejaus sūnų Jokūbą ir jo brolį Joną taipogi valtyje betaisančius tinklus. Tuoj pat jis pasišaukė ir juos. Palikę savo tėvą Zebediejų su samdiniais valtyje, jie sekė paskui jį.

Mk 1, 14–20

Esame įpratę, klausydamiesi šios Evangelijos, stebėtis – kaip galėjo tie žvejai taip imti ir viską palikti: tinklus ir valtį, ir tėvą, ir nueiti paskui nežinia ką. Bet iš tikrųjų nebuvo taip jau ir neaišku, paskui ką jie nusekė. Evangelijoje taip pat esame girdėję, jog dviejų iš šių žvejų pirmasis susitikimas su Jėzumi jau buvo įvykęs prie Jordano, Jonui pakrikštijus Jėzų. Tai buvo Andriejus, kuris paskui atvedė pas Jėzų savo brolį Simoną, ir Jonas, būsimas mylimasis mokinys. Jiedu buvo pirmieji, kurie dar tądien nuėjo paskui Jėzų ir pasiliko tą dieną su Juo (žr. Jn 1, 35–42). Jonas, be jokios abejonės, taip pat bus papasakojęs apie tą susitikimą savo broliui, kaip ir Andriejus. Kaip ir mes, beje, ką nors sužinoję, pirmiausia pasidalijame su artimiausiais žmonėmis. Šiais laikais, deja, žmonės šeimose pykstasi dažniau, tad ir kalbasi daugiau su draugais nei su savo broliais ir seserimis, bet anais laikais šeima dar buvo pakankamai stipri, kad naujienų aptarimas vyktų pirmiausia ten. O šis susitikimas, apie kurį girdėjome šios dienos Evangelijoje, be jokios abejonės, įvyko vėliau, nes jos pradžioje girdėjome žodžius: „Kai Jonas buvo suimtas", – taigi, jau po Jėzaus Krikšto. Vadinasi, ir pirmasis būsimųjų apaštalų susitikimas su Jėzumi įvyko prieš tai. Panašiai būtų, jeigu mes nuvažiuotume kur nors, sakykim, į Paryžių, pasižiūrėti kokio garsaus dailininko parodos, ir netgi turėtume progą su juo susitikti bei pabendrauti. Ir štai po to vieną dieną jis atvažiuoja į Lietuvą ir sako man, irgi dailininkui: „Kviečiu tave mokytis į savo studiją." Aišku, kad tuomet viską mesime ir iš karto nueisime mokytis pas šį žmogų, pasaulinę įžymybę, kuris taip nuostabiai tapo. Arba imkime dar žemiškesnį pavyzdį: tarkim, koks nors žinomas verslininkas, uždirbantis milijonus, atvažiuoja į mūsų Lietuvą ir sako man, valdininkėliui: „Kviečiu tave į savo firmą dirbti su manimi." Žinoma, kad jeigu pinigai mums yra svarbiausias dalykas gyvenime, tada mes viską paliksime ir tą pačią akimirką pulsime paskui tą žmogų, – nes juk su juo pinigų *užkalsi* daug daugiau, negu tupėdamas kokioj nors *skylėj*, kaip žmonės sako. Taip ir šie pirmieji mokiniai, kuriems Jonas buvo parodęs – „štai Dievo Avinėlis!" (žr. Jn 1, 35–36) ir kurie net „tą dieną praleido pas Jį" (žr. Jn 1, 37–39), – matė, koks tai buvo Mokytojas. Taigi, jie labai gerai žinojo, ką daro, – nedvejodami metė tinklus ir valtis, ir tėvą, ir nuėjo ten, kur Jėzus kvietė.

O kurgi Jis kvietė, ką žadėjo? „Prisiartino Dievo Karalystė!" Ir tai yra daug svarbiau už visa kita. Kas toji Dievo Karalystė? Tai – pats Jėzus: Jėzus yra Dievo Karalystė, – kai Jis prisiartina, ima viską aplink save burti. Kosmose, žinote, yra tokios juodosios skylės, kurios sutraukia viską, net šviesą – niekas negali iš jų ištrūkti. O Jėzus yra *Baltoji Skylė*, tad jeigu per daug prie Jo prisiartini, Jis ima ir įtraukia tave, ir tu nieko nebegali padaryti... Čia buvo panašiai: prisiartino Dievo Karalystė, prisiartino ši *Baltoji Dievo Skylė* ir įtraukė pirmuosius mokinius. Bet tai nereiškia, kad jie, viską palikę, daugiau taip ir nebepamatė nei tėvo, nei motinos, nei savo valties, nei tinklų. Juk kai Jėzus viešėdavo Kafarnaume, Jis apsistodavo Petro namuose (vadinasi, šis tebeturėjo namus – žr. Lk 4, 38). Ir kai poniai Zebediejienei parūpo, kad jos vaikai sėdėtų vienas Mesijo dešinėje, kitas – kairėje, ji pas Jėzų atėjo „kartu su savo sūnumis" (žr. Mt 20, 20–21) – vaikeliams padėti (mamos, kaip žinome, visad stengiasi padėti savo vaikams...). Vadinasi, šeiminiai santykiai nebuvo nutraukti, jie ir toliau egzistavo. Zebediejaus sūnų atveju matome, kad paskui sūnus pas Jėzų atėjo ir motina – būna ir šitaip. Aišku, ji gal ne visai teisingai suprato tą Dievo Karalystę, bent jau pradžioje, bet vis dėlto suprato, kad tai labai svarbu ir rimta – daug svarbiau už jos sūnelių verslą Tiberiados ežere, daug svarbiau už žuvis ir tinklus.

Jėzus ir mus taip kviečia, ir kviečia eilinį kartą, kuris tačiau yra neeilinis. Jis kviečia mus *šiandien*: „Atėjo metas, prisiartino Dievo Karalystė. Atsiverskite ir tikėkite Evangelija! Pakeiskite savo gyvenimo kryptį, kol dar metas!" Toji proga tęsiasi visą mūsų gyvenimą: iki paskutinės šio gyvenimo akimirkos mes vis dar turėsime progą suspėti į Dangaus Karalystę. Tačiau ta paskutinė akimirka gali ateiti visai netrukus, dar iki pasibaigiant šioms šv. Mišioms... Tada bus kaip tam vaikų žaidime: visi bėgioja, šokinėja, kažką vaidina, o paskui vienas suploja rankomis, ir tada visi sustingsta kaip buvę – vieni taip, kiti kitaip, treti dar kažkaip. Panašiai bus ir su ta paskutine mūsų gyvenimo akimirka: tai, kas bus buvę svarbiausia mūsų gyvenime, taip ir liks, kai mes sustosim, – kas su milijonais nasruose, kurių Anapilin jau nebenusineši, o kas su Dievo Karalyste širdyje... Tada jau nebegalėsime nieko pakeisti, proga bus praėjusi. Kai skęsta laivas, net jeigu ir turime milijoną lagamine, juk pirmiausia norėsime patys išsigelbėti, o tik paskui – žinoma! – išgelbėti ir milijoną. Panašiai yra ir su mūsų gyvenimu: kas iš to, kad pasistatysiu dvarą, *užkalsiu* pinigų ir net, kaip sako Jėzus, jei visą pasaulį laimėsiu, bet pakenksiu savo sielai – prarasiu Dangaus Karalystę – kas iš to? Būsiu tik tuščiai vargęs!

Prisiminkime istoriją iš filmo apie šv. Tomą Morą, kai jo išdavikas Ričardas Ričis už melagingą Tomo Moro apkaltinimą karaliaus buvo pakeltas Velso prokuroru. Po teismo nuosprendžio Tomas Moras eina pro „liudininką" ir sako jam: „Ričardai, ką tu čia turi pasikabinęs po kaklu, noriu pažiūrėti iš arčiau?" O šis atsako: *„Čia Velso prokuroro ženklas!"* Tada šv. Tomas Moras jam – „Ričardai, Ričardai", sako, „mūsų Viešpats sakė – ‚kokia žmogui nauda, jeigu jis laimėtų visą pasaulį, bet pakenktų savo sielai?' (plg. Lk 9, 25; Mk 8, 36; Mt 16, 26). O tu pardavei savo sielą tik už Velso prokuroro kėdę..." O ką mes su savo sielomis darome? Ar esame užsiėmę *žuvimis ir tinklais* taip, kad nieko nebegirdime ir nebematome, nors visai šalia – tokia proga laimėti Dangaus Karalystę, tokia proga! Ar einame paskui Jį?..

Nueiti paskui Jėzų – nebūtinai viską imti ir palikti. Kai kuriems tai iš tiesų reiškia palikti viską, pavyzdžiui, vienuoliams.

Gal manot, kad jie tikrai viską paliko?.. Aš jums pasakysiu vieną paslaptį, čia mano mamos nėra, tai... Būtent tada, kai išėjau į vienuolyną, mūsų santykiai – mamos ir sūnaus – pasidarė patys artimiausi. Niekada nebuvo tokių, kol gyvenome kartu namuose. Net ir su broliu – nors tam reikėjo daugiau laiko... Dievas grąžina šimteriopai (plg. Mk 10,30; Mt 19, 29)! Žiūrėkit, mes neturime nuosavybės – bet kokiuose rūmuose[2] gyvename! Ar bent vienas iš jūsų gyvena tokiuose rūmuose?.. „Mes nieko neturim, ir viską turim", kaip sako šv. Paulius (plg. 2 Kor 6, 10). Tačiau net jeigu Viešpats jūsų ir nekviečia taip Jį sekti, kaip pakvietė mane ir mano brolius bei seseris, Jis vis dėlto visus mus kviečia šv. Pauliaus žodžiais: „Laikas trumpas!" (1 Kor 7, 29), proga yra trumpa!

Belieka, kol dar yra proga, „tiems, kurie turi žmonas, gyventi, tarsi jų neturėtų" (1 Kor 7, 29). Ką tai reiškia? Ar dabar jau reikia nebekreipti dėmesio į savo žmoną? „Tu man – ne žmona, nes šv. Paulius taip sakė!" Ne, Paulius ne taip kalbėjo: jis liepė gyventi su žmona, bet taip, *tarsi* jos neturėtum. Kitaip sakant, nepririšti savo širdies prie jos, nes vos tik pririšame savo širdį prie ko nors – ar tai būtų žmona, ar vyras, ar vaikai, ar tėvai, – mes iškart įsipainiojame į tinklus, šio pasaulio tinklus, ir patys tampame it tos žuvys, kurios sugaunamos visai ne Jėzui. „Ir kurie verkia, tarsi neverktų" (1 Kor 7, 30). Paulius nesako: „Nebeverkit, neverta verkti dėl aukštų šildymo kainų. Neverta verkti dėl to, kad praradote darbą, kad mirė mylimas žmogus..." Ne, ne, jis nesako: „Neverkite", jis sako: „Gyvenkite taip, *tarsi* neverktumėt." Kitaip sakant, „verkite, bet lyg neverktumėt". Ar jis mus ragina veidmainiauti? – „Nieko čia baisaus, Dievas pasirūpins manimi, apsivilksiu paltą ir nesušalsiu, o mano mylimas

---

[2] Šv. Jono brolių vienuolynas Vilniuje, Antakalnyje (red. past.).

žmogus nuėjo į dangų", bet vis tiek verkiu, – veidmainystė, išeina? Ne, ne, ne, šv. Paulius sako – „tegul būna jūsų širdyje ramybė". Iš tiesų, mes niekur nepasislėpsime nuo kančios: turėsime kentėti, iškentėti mylimo žmogaus mirtį, iškentėti galbūt darbo praradimą, iškentėti galbūt netgi duonos trūkumą. Visko gali būti. Dievas visaip leidžia. Kodėl? Aš nežinau. Galėsime Jo paklausti, kai būsime Ten. Bet jeigu leidžia, tikriausiai taip reikia mums, kad nepražūtume amžinai, nes amžinasis gyvenimas yra daug brangesnis už duonos kąsnį ir už šiltą kambarį. Aš nesakau, kad tai nesvarbu. Tačiau jeigu gyvensime pririšę širdį tik prie Jėzaus, turėsime širdies ramybę, nes Jis yra absoliuti Dievo Ramybė. Tada turėsime žmonas, tarsi jų neturėtume, verksime, tarsi neverktume, džiaugsimės, tarsi nesidžiaugtume ir pirksime, tarsi neįsigytume, ir būsime užsiėmę šio pasaulio reikalais, kaip neužsiėmę (plg. 1 Kor 7, 29–31).

Taip atsitinka tik tada, kai žinai, kad tai – ne tavo, ne tau priklauso, kad tai yra Dievo darbas, Dievo reikalas. Žmona, vyras, mano sutuoktinis man nepriklauso – jis yra Dievo man padovanotas ar netgi tik paskolintas, iki laiko. Tad verkiu – o vis dėlto tai bus man grąžinta. Džiaugiuosi, nors tai prapuls. Perku, bet vieną dieną nebeturėsiu. Esame užsiėmę, tačiau visi mūsų darbai vieną dieną pasirodys esą tik dulkės ir pelenai (plg. Pr 18, 27), jeigu jie nebus padaryti iš Meilės (plg. 1 Kor 13, 1–3). Vis dėlto, kai širdyje viešpatauja ramybė, tada aš iš tikrųjų galiu būti laisvas – tvarkyti savo gyvenimą, savo reikalus, savo rūpesčius, savo nuosavybę ir savo santykius pagal tą Vienintelį Būtinąjį, o svarbiausia – priklausomai nuo Jo. Tuomet viskas bus gerai. Žinoma, ir toliau kentėsime, verksime, džiaugsimės, būsime užsiėmę pasaulio reikalais, ir žmoną tebeturėsime, ir vyrą... Bet *kitaip*, nes mūsų širdyje bus įsikūrusi Dievo Karalystė – pats Jėzus, o mūsų širdis bus pririšta tik prie šio Inkaro amžinybės uoste. Tada mūsų širdis bus rami, nebesiblaškys ir nebekentės taip baisiai, o jei ir kentės, tai nebe taip baisiai. Kentės ramiai, kentės su viltimi ir džiaugsis protingai, su saiku.

Prašykime šios malonės, prašykime šventųjų apaštalų ir Švč. Mergelės Marijos užtarimo, kad atsigręžtume į tai, kas svarbiausia, ir nebijotume keisti tai, ką dar galime pakeisti, kol dar yra laiko. O „laikas", kaip sako apaštalas, – „trumpas"...

2012 sausis

Dangaus Karalystės išsipildymas

Matydamas minias, Jėzus užkopė į kalną ir atsisėdo. Prie jo prisiartino mokiniai. Jėzus prabilęs mokė:
„Palaiminti dvasingieji vargdieniai: jų yra dangaus karalystė.
Palaiminti, kurie liūdi: jie bus paguosti.
Palaiminti romieji: jie paveldės žemę.
Palaiminti, kurie alksta ir trokšta teisybės: jie bus pasotinti.
Palaiminti gailestingieji: jie susilauks gailestingumo.
Palaiminti tyraširdžiai: jie regės Dievą.
Palaiminti taikdariai: jie bus vadinami Dievo vaikais.
Palaiminti, kurie persekiojami dėl teisybės: jų yra dangaus karalystė.
Palaiminti jūs, kai dėl manęs jus niekina ir persekioja bei meluodami visaip šmeižia. Būkite linksmi ir džiūgaukite, nes jūsų laukia gausus atlygis danguje."

Mt 5, 1–12a

„Jų yra Dangaus Karalystė." Šie žodžiai, žinoma, labiausiai tinka visiems šventiesiems, kurie yra Dangaus Karalystėje, kuriems ji priklauso ir kuriai priklauso jie. Bet kas ta Dangaus Karalystė, jeigu ne patsai Dievas?.. Dievas yra Karalystė! Ir netgi *įsikūnijęs* Dievas, mūsų Viešpats, yra Karalystė – Dangaus Karalystė mūsų tarpe (plg. Lk 17, 21), tapusi regima, apčiuopiama, kurią galima mylėti ir kurios mylimiems galima būti. Ši Dangaus Karalystė yra skirta visiems šventiesiems, nors tik Vienas yra Šventas (plg. Lk 18, 18).

Tai kodėl tada visi šventieji yra šventieji? Tik todėl, kad jie gyvena paties Dievo gyvenimą, – „pasakyk, su kuo bendrauji, pasakysiu, kas esi", sako žmonės. Jeigu bendraujame tik su šuniukais ir kačiukais, tai *šunėjame* ir *katėjame*, bet jeigu bendraujame su Dievu, mes *dievėjame*, mes šventėjame. Todėl kiekvienas, kuris bendrauja su Jėzumi, yra šventas, nors dar nepasirodė, koks jis bus (plg. 1 Jn 3, 2). Jis jau yra Dievo vaikas, tik tai dar nepasirodė pilnutinai – pasirodys tik tada, kai visų akys bus nutviekstos Dievo Šviesa. Tada matysis, kad esame šventi, kaip Dievas yra Šventas. Kadangi pats Jėzus yra Karalystė, mes esame Jo Karalystėje tiek, kiek esame Jėzuje ir kiek Jis yra mumyse (plg. Jn 15, 4): mūsų širdyje, mūsų gyvenime, mūsų mintyse, žodžiuose, troškimuose ir veiksmuose.

Dievo Karalystė taip pat yra ir Bažnyčia – ne kaip žmonių organizacija, kaip kokios nors Jungtinės Tautos, bet kaip Nuotaka, Avinėlio Nuotaka, kuri yra vienas Kūnas su Mylimuoju. Tad ir mes, tos Bažnyčios – mistinio Kristaus Kūno – nariai esame Karalystėje, jei gyvename tuo, kas yra Jaunikio ir Nuotakos bendrystė, jų Meilės ekstazė. Toji Meilės ekstazė, kai Jaunikis ir Nuotaka tampa viena dvasia ir vienu Kūnu, yra, Bažnyčios mokytojų ir tėvų žodžiais tariant, vestuvinis guolis, kurio vardas Kryžius. Tai Kryžiaus slėpinyje Kristus ir Bažnyčia tampa vienu Kūnu. Kryžiaus slėpinyje įvyksta Meilės ekstazė, kurios išraiška yra palaiminimai, ką tik girdėti iš Viešpaties lūpų. Jie yra begalinė laimė, kurią visiškai išgyvena tik vienas Jėzus Meilės ekstazėje ant Kryžiaus. Tik Jėzus yra vargšas dvasia, tik Jis liūdi, iš tikrųjų liūdi dėl visokio blogio, kuris vyksta po saule. Tik Jis yra romus, tikrai romus, išalkęs ir ištroškęs Dievo teisybės. Tik Jis yra gailestingas, tyraširdis ir taikdarys. Tai Jis buvo persekiojamas dėl to, kad yra toks. Visi palaiminimai išsipildė Jėzaus Širdyje ant Kryžiaus. Bet kadangi ant Kryžiaus mes tampame vienu Kūnu su Jėzumi, tais palaiminimais esame palaiminti ir mes, visi šventieji – tie, kurie jau išsiskleidė kaip pumpurai Dievo darželyje danguje, ir tie, kurie dar tik skleidžiasi, tie, kurie dar tik kraunasi, – kiekvienas iš mūsų esame palaiminti šiais, vien Jėzaus ir vien Jėzui priklausančiais, palaiminimais kiekvieną kartą, kai esame su Juo ant Kryžiaus, kai esame jungtuvių guolyje, mistinių jungtuvių guolyje, kad taptume viena su Juo dvasia ir kūnu, kad būtume palaiminti, kai esame vargšai, neturtingi širdimi taip, kaip Jis. Ir tik tada, kai esame vienybėje su Juo.

Patys vieni mes niekada nepasieksime tokio neturto, kuris yra palaima. Tik su Juo ant Kryžiaus mes galime liūdėti dėl savo ir kitų nuodėmių, kurias regime po saule – ne todėl, kad jos žaloja mane, bet todėl, kad jos skaudina ir perveria Dievo Širdį. Tik kartu su Juo mes galime būti romūs kančiose ir suspaudimuose. Tik su Juo galime alkti ir trokšti teisumo, kuris yra susitapatinimas su paties Dievo Valia. Tik su Juo ir Jame galime būti gailestingi, tyraširdžiai ir taikdariai. Ant Kryžiaus, kai mūsų neturtinga širdis dūsauja savo Mylimojo – tik ten mes paveldime Dangaus Karalystę. O Kryžių sutinkame kiekvieną dieną – visuose mūsų išbandymuose, sunkumuose, rūpesčiuose. Taip pat ir Eucharistijoje, nes Eucharistija yra ne kas kita, o Kryžius,

Meilės guolis, kur tampame viena su Mylimuoju, kur paveldime Jo Karalystę, Jo turtus. Toji Karalystė yra pasiekiama, kaip sako apaštalas Jonas Apreiškimo knygoje, tik perėjus didžius išbandymus, tik išsiplovus savo drabužius Avinėlio Kraujuje (plg. Apr 7, 14). Mes niekaip kitaip neįeisime į šią Karalystę, kaip tik per Kryžiaus vartus, kaip jau daugybė mūsų brolių ir seserų prieš mus pro juos įėjo. Tik tada mes iš tikrųjų būsime viena su Juo – ne teoriškai, teologiškai, bet konkrečiai, savo gyvenime atpažindami, jog ši kančia, šis išbandymas ir skausmas iš tikrųjų yra Mylimojo pabučiavimas. Tada, užuot mane prislėgę, jie uždegs mane vis didesniu dangaus troškimu ir ilgesiu, darys mane neturtingą, romų, liūdintį tikruoju nutyrinančiu, nuskaistinančiu liūdesiu, didins manyje troškimą ir alkį Dievo teisumo, Jo Gailestingumo, tyrumo, Ramybės ir Taikos, kuri ateina iš Dievo.

Dangaus Karalystė, kaip ir dangus, kurį matome naktį, yra pilna žvaigždžių, ryškesnių ar ne tokių ryškių (plg. 1 Kor 15, 41). Tame danguje yra Mėnulis ir Saulė: Teisybės Saulė – mūsų Viešpats Kristus (plg. Mal 3, 20), ir Toji, kuri yra „graži kaip mėnulis" (Gg 6, 10) – dangaus Karalienė. Ir daugybė žvaigždžių – daugybė šventųjų, tarp kurių viltimi jau dabar esame ir mes. Kiekvienas dangaus kūnas, kai į jį žvelgiame, mums, krikščionims, turėtų simboliškai priminti, kas mūsų laukia, kokia yra mūsų amžinoji ateitis – spindėti danguje kaip žvaigždės (plg. Mt 13, 43), spindėti begaline paties Dievo laime, kuri yra išlieta mūsų širdyse (plg. Rom 5, 5), gyventi Karalystėje, kuri jau dabar mums yra dovanojama per Eucharistiją, kad paskui ja gyventume kiekvieną dieną ir visą savo gyvenimą, kad būtume tuo, kuo Dievas nori, kad būtume – Jo ikonos, Jo atspindžiai. Žinoma, esame tik trapūs moliniai indai (plg. 2 Kor 4, 7), tačiau pripildyti nepaprastai brangaus lobio – Šventosios Dvasios. Mes, paguostieji (graikiškai *paraklethesontai*), esame paguosti pačia Dvasia Guodėja (graikiškai *Parakletos)*, esame pripildyti Šventąja Dvasia, kuri mums skiria Karalystę; žemė – Pažado žemė – yra ne kas kita, o toji Karalystė; teisumas, kurio alkstame ir trokštame, yra Karalystė; Gailestingumas yra Karalystė; Dievo regėjimas yra Karalystė. Būti Dievo vaiku reiškia turėti Karalystę, gauti savo Tėvo paveldą. Ir, pagaliau, būti persekiojamam taip pat reiškia turėti Karalystę, nes esame persekiojami, niekinami ir melais visaip šmeižiami tik todėl, kad mums kai kas pavydi. Tas kai kas dar prieš pasaulio sukūrimą neteko šios Karalystės ir visų jos turtų, tad jam atrodo didžiausia „neteisybė", kad tokia smulkmė kaip mes tą Karalystę jau turime, ir turėsime pilnutinai.

Štai kodėl esame persekiojami visokiausių pagundų, nuodėmių, ydų, savo trapumo, silpnumo, kitų niekšiškumo... Juk žmogus gali būti ne tik Dievo vaikas – deja, jis gali būti ir velnio vaikas, kai gyvena netiesa, kai pasiduoda melui. Kiekvienas iš mūsų vieną akimirką galime būti Karalystėje, o kitą jau persekioti it pats velnias savo brolius ir seseris. Juk ir šv. Petras vieną akimirką kalbėjo dangiškojo Tėvo žodžius, o kitą – jau šėtono (žr. Mt 16, 17. 22–23). Tas pats žmogus! Todėl prašykime Švč. Mergelę Mariją, vienintelę, kuri nuo pradžios iki pabaigos buvo tyrutėlis Dievo vaikas, kad mus vis labiau patrauktų į Dievo vaikų tyrumą, į Dievo vaikų gyvenimą, idant kartu su Ja paveldėtume tą Karalystę, kurioje tikėjimu ir viltimi dalyvaujame jau dabar, per šią ir kiekvieną Eucharistiją.

2009 lapkritis (Visi Šventieji)

Išėjo Sėjėjas sėti

Vieną dieną, išėjęs iš namų, Jėzus sėdėjo ant ežero kranto. Prie jo susirinko didžiulė minia; todėl jis įlipo į valtį ir atsisėdo, o visi žmonės stovėjo pakrantėje. Ir jis daug jiems kalbėjo palyginimais.

Jis sakė: „Štai sėjėjas išsirengė sėti. Jam besėjant, vieni grūdai nukrito prie kelio, ir atskridę paukščiai juos sulesė. Kiti nukrito ant uolų, kur buvo nedaug žemės. Jie netrukus sudygo, nes neturėjo gilesnio žemės sluoksnio. Saulei patekėjus, daigai nuvyto ir, neturėdami šaknų, sudžiūvo. Kiti grūdai nukrito tarp erškėčių. Erškėčiai išaugo ir nusmelkė juos. Dar kiti nukrito į gerą žemę ir davė derlių: vieni šimteriopą, kiti šešiasdešimteriopą, dar kiti trisdešimteriopą.

Kas turi ausis, teklauso!"

Priėję mokiniai paklausė: „Kodėl jiems kalbi palyginimais?"

Jėzus atsakė: „Jums leista pažinti dangaus karalystės paslaptis, o jiems neleista. Mat, kas turi, tam bus duota, ir jis turės su pertekliumi, o iš neturinčio bus atimta ir tai, ką jis turi. Aš jiems kalbu palyginimais todėl, kad jie žiūrėdami nemato, klausydami negirdi ir nesupranta. Jiems pildosi Izaijo pranašystės žodžiai:

‚Girdėti girdėsite, bet nesuprasite, žiūrėti žiūrėsite, bet nematysite. Šitų žmonių širdis aptuko. Jie prastai girdėjo ausimis ir užmerkė akis, kad kartais nepamatytų akimis, neišgirstų ausimis, nesuprastų širdimi ir neatsiverstų, ir aš jų nepagydyčiau.‘

Todėl palaimintos jūsų akys, nes mato, ir jūsų ausys, nes girdi. Iš tiesų sakau jums: daugel pranašų ir teisiųjų troško išvysti, ką jūs matote, bet neišvydo, ir išgirsti, ką jūs girdite, bet neišgirdo.

O jūs nūn pasiklausykite palyginimo apie sėjėją. Pas kiekvieną, kuris girdi kalbant apie karalystę ir nesupranta, ateina piktasis ir išplėšia, kas buvo pasėta širdyje. Tai ir yra pasėlys prie kelio.

Pasėlys ant uolų – tai tasai, kuris, girdėdamas žodį, tuojau su džiaugsmu jį priima. Tačiau jis be šaknų – nepastovus žmogus. Ištikus kokiai negandai ar persekiojimui dėl žodžio, jis lengvai atpuola.

Pasėlys tarp erškėčių – tai tas, kuris klauso žodžio, bet šio pasaulio rūpesčiai ir turto apgaulė nustelbia žodį, ir jis lieka nevaisingas.

Pasėlys geroje žemėje – tasai, kuris girdi ir supranta žodį; tas ir duoda derlių: kas šimteriopą, kas šešiasdešimteriopą, o kas trisdešimteriopą.“

Mt 13, 1–23

Šiandien Dievo žodis mums kalba apie žodžio galybę, veiksmingumą ir vaisingumą. Kad geriau suprastume, turime savęs klausti – kas yra žodis? Mes, žinoma, lengvai atsakysime, kad žodis yra įvairių garsų derinys, kurį skleidžia mūsų kalbos padargai – liežuvis, lūpos, balso stygos ir oras, einantis iš mūsų gerklės. Tačiau žodis – šis garsų rinkinys – taip pat neša ir prasmę, kuri nepaprastai veiksminga. Žodis kaip garsas nuaidėjo ir nurimo – išnyko, bet prasmė, kurią mes priimame ne vien ausimis, bet ir širdimi, mumyse taip greitai nenyksta.

Kai mama šaukia savo vaikutį vardu, vaikas iš toli išgirsta ir ateina. Jeigu ji šaukia švelniai, šis ateina su džiaugsmu, jeigu piktai – bėga drebančia širdute. Kai žmogus, kurį mylime, mums sako: „Aš myliu tave", tada visas mūsų gyvenimas nušvinta, sužėruoja įvairiausiomis spalvomis, nežinia iš kur kyla džiaugsmas ir laimė. Kitą kartą tas pats žmogus, kurį mylime, sako: „Kiaule tu", ir tada visas mūsų gyvenimas aptemsta – nežinia iš kur atslenka liūdesys. Taigi, matome, kad žodis nepaprastai veiksmingas – jis nėra tik garsas. Ir čia kalbame tik apie žmogaus žodį!

Dievo žodis nepalyginamai galingesnis. „Jis", – sako Dievas pranašo Izaijo lūpomis, – „pas mane nesugrįžta bergždžias, įvykdo, ko noriu, atlieka, kam siųstas" (plg. Iz 55, 11). Jis kaip lietus ir sniegas, krentantys iš dangaus – drėkina žemę, kad dygtų sėklos ir augtų duona, kad palaikytų gyvybę (plg. Iz 55, 10). O žmogaus žodis gyvybę tik išskleidžia arba gali jai pakenkti, tačiau negali jos duoti arba atimti. Dievo žodis teikia paties Dievo gyvybę – amžinąjį gyvenimą. Arba taip užkietina širdį, kad ir turimą gyvybę prarandame: „Kas turi, tam bus duota, ir jis turės su pertekliumi, o iš neturinčio bus atimta ir tai, ką jis turi" (plg. Mk 4, 25; Mt 13, 12; Lk 8, 18; 19, 26).

Šis žodis, nepalyginamai galingesnis nei žmogaus, skamba mūsų ausyse kiekvieną sekmadienį (gal ir dažniau, jei į šv. Mišias ateiname ne tik sekmadieniais). Jeigu skaitome Šventąjį Raštą namuose su vaikais, su savo sutuoktiniu, tas žodis ir toliau skamba mūsų ausyse. Tačiau ar jis neš vaisių, kuriam yra siųstas? Juk būna, kad pro vieną ausį įeina, o pro kitą išeina... Pamaldžiai stovime, gražiai giedame, atsakome į pasveikinimą ir pašlovinimą, o prasidėjus pamokslui staiga susigriebiame – apie ką gi buvo Evangelija?.. Taip mes ir praleidžiame progą, kad žodis mumyse įvykdytų tai, kam yra skirtas – teikti mums dievišką gyvybę. Vadinasi, Dievo žodis, nors nepaprastai galingas ir vaisingas, negali duoti vaisių kaip ir tas grūdas, jei nekris į gerai išpurentą žemę – į mūsų širdį.

Jeigu mūsų širdis – tarsi ištrypta asla, tiek išvaikščiotas kelias, kad niekas ten nebeauga ir net palijus vanduo negali susigerti,– tada, žinoma, tas žodis negalės duoti vaisiaus – amžinojo, paties Dievo, gyvenimo. Ten jį nukritusį bemat pasičiups priešas, juodvarnis.

Gali būti, kad mūsų širdis „padengta nedideliu žemės sluoksniu" – esame malonūs žmonėms, nieko nenužudėme, neapvogėme, baisiai neprimelavome. Jeigu visi būtų kaip mes – koks geras būtų pasaulis! Tas žodis tikrai mums kažką duoda, – mes jo klausom, gal net mėginame ir vykdyti – kasdienybėje rodomės esą krikščionys, gerai elgiamės: žodžio sėkla mumyse greitai sudygsta. Bet jeigu kažkas nutinka, tarkime, bendradarbė, pamačiusi mano rankoje rožinį, pasityčiojo, arba draugai išsišaipė mokykloje, nes matė sekmadienį mane einantį į bažnyčią, – kas tada? Jeigu mano širdis sekli, padengta tik plonyčiu meilės Dievui sluoksneliu, tuomet, pradėjus deginti išbandymų saulei, vos sudygęs Dievo žodis sudžiūsta ir nuvysta. Aš išsigąstu žmonių nuomonės, bijau dėl savo padėties, savo turto, kasdienės duonos, dėl savo laisvės, galų gale – dėl savo gyvybės, nes persekiojimas dėl šito žodžio, teikiančio atgaivą, gali mus lydėti iki pat žemiškosios gyvybės netekimo. Ir tada vaisingasis Dievo žodis mumyse gali nunykti taip ir nedavęs vaisiaus. Bet gali atsitikti ir taip, kad, nepaisant kitų nuomonės, mes vis tiek tvirtai laikomės rožinio ir meldžiamės per pertrauką. Nepaisydami bendraklasių patyčių nesinerviname, bet ramiai elgiamės kaip krikščionys, nors tikriausiai tai nepatogu.

Tačiau jei mūsų širdį apraizgo erškėčiai – šio pasaulio rūpesčiai ir turto apgaulė – sakysim, man būtinai prisireikia mopedo, ir taip labai, kad tai tampa svarbiau už šv. Mišias, už Dievo žodį, nors šiaip jau ir nebijau parodyti, kad esu krikščionis – tada ir vėl Dievo žodis širdyje tampa bevaisis. Man reikia gero buto, naujos mašinos, ir tas poreikis viską užgožia. Labai norisi gyventi Dievo žodžiu, bet butas dabar svarbiau...

Dievo žodis neša vaisių tik gerai išpurentoje, Kryžiaus akėčiomis išakėtoje mūsų širdyje: ar šimteriopą, ar šešiasdešimteriopą, ar trisdešimteriopą. Žinoma, mūsų širdyje visada bus piktžolių, – juk tik Jėzaus – ir Marijos! – Širdis yra visiškai švari derlinga žemė, apie kurią kalba ši Evangelija. Mūsų širdyje visada bus takelių, pramintų per išpurentą žemę, visada atsiras išsikerojusi kokia nors usnis, visada rasis lopinėlių, kur iš po žemių kyšo akmenys. Tai todėl vieni duos tik trisdešimteriopą, kiti šešiasdešimteriopą, dar kiti – šimteriopą vaisių. Svarbiausia – neišsigąsti pamačius, kad mūsų širdis visa akmeninė, o ne puri žemė, kur nors užtikus suvešėjusį dilgėlyną ar pastebėjus sumintą keliuką per mūsų širdį, per mūsų gyvenimą. Tada reikia šauktis Viešpaties, kad Jis savo Kryžiaus akėčiomis pervažiuotų ir išartų, išplėštų visa tai, kas trukdo Gyvybės žodžiui suleisti šaknis į mūsų gyvenimą ir nešti vaisius.

Žinoma, dėl to teks kentėti. Tačiau apaštalas Paulius savo Laiške ne tik romiečiams, bet ir mums šiandien primena, kad šių dienų kentėjimai yra nereikšmingi, lyginant juos su būsimąja garbe, kuri bus mumyse apreikšta (plg. Rom 8, 18). Ją mumyse pasėja Dievo žodis – Gyvybės, Šviesos ir Meilės žodis. Tie kentėjimai iš tikrųjų yra mūsų išlaisvinimas, – kai kaliniui reikia nudaužyti grandines, juk skauda. Bet tik taip „kūrinija bus išvaduota iš pragaištingos vergovės ir įgis Dievo vaikų garbės laisvę" (Rom 8, 21) – tik jeigu Kryžiaus akėčios, arklas išars mūsų širdies dirvoną, išplėš piktžoles, usnis, visus sumintus takus – tik tokia kaina. Todėl džiūgaukime, kai Viešpats *pervažiuoja* su savo įnagiais per mūsų širdį, nes tai būsimojo gyvenimo, būsimosios šlovės pažadas, dėl kurios šių dienų kentėjimai yra nereikšmingi.

Tad priimkime šį nepaprastai veiksmingą Dievo žodį, jo sėklą į savo širdį, maldaukime, kad pats Viešpats ją augintų ir tai, ką bus pradėjęs, pabaigtų iki tos dienos, kai Dievo angelai, pasiųsti į visas keturias pasaulio šalis, suvalys Jo derlių į Tėvo kluoną (žr. Mt 13, 49). Prašykime tą Dievo Žodį, tapusį kūnu, ir dar kartą tapsiantį kūnu mūsų akyse per Eucharistiją, kad Jis gyventų mumyse, o mes neštume Jo taip laukiamą derlių.

Kas turi ausis, teklauso (plg. Mt 13, 9; Mk 4, 9; Lk 8, 8)...

2008 liepa

Ramybė ir „ramybė"

Jėzus kalbėjo savo mokiniams:
„Aš atėjau įžiebti žemėje ugnies ir taip norėčiau, kad ji jau liepsnotų! Aš turiu būti pakrikštytas krikštu ir taip nerimstu, kol tai išsipildys!
Gal manote, kad esu atėjęs atnešti žemėn taikos? Ne, sakau jums, ne taikos, o nesantarvės. Nuo dabar penki vienuose namuose bus pasidaliję: trys prieš du ir du prieš tris. Tėvas stos prieš sūnų, o sūnus prieš tėvą, motina prieš dukterį, o duktė prieš motiną; anyta prieš marčią, ir marti prieš anytą."

Lk 12, 49–53

Jėzus atėjo įžiebti Šventosios Dvasios ugnies. Jis nėra koks piromanas, kuris norėtų sudeginti pasaulį liepsnose. Ne, Jėzaus nešama ugnis yra kita – tai ugnis, kuri uždega, bet kurioje neįmanoma sudegti ir kurioje nuolat liepsnoji. Jis trokšta, kad toji ugnis liepsnotų, kad ji šviestų. Ugnis yra šviesa, ugnis yra šiluma, ji patraukia tamsybėse, ji vilioja šaltyje, kad atšildytume sugrubusias rankas ir širdis, kad ji paglostytų mūsų išsigandusias, nuo tamsos pavargusias akis...

Jėzus trokšta būti pakrikštytas. Jis trokšta būti panardintas į vandenį, nes tai ir yra Krikštas – panardinimas į Gyvybės vandenį, kuris yra toji pati Šventoji Dvasia, nes Šventoji Dvasia yra ne tik ugnis, Ji yra ir vanduo – Šviesos ugnis ir Gyvybės vanduo. Jėzus atėjo atnešti šviesos ir šilumos į šį tamsų ir šaltą pasaulį. Jis atėjo atnešti gyvybės į šią mirties dykumą, kuri yra mūsų pasaulis ir pirmiausia – mūsų širdis. Mūsų širdis taip dažnai skendi tamsybėse, taip dažnai yra sušalusi, suakmenėjusi, nebepajėgianti patirti džiaugsmo, gyvenant su artimiausiais žmonėmis, su kuriais kadaise buvo patirtas toks didelis meilės gaisras. Toje tamsoje kitą kartą nebematai vilties, nebeturi jėgų gyventi dar vieną dieną, ir dar vieną dieną, ir dar vieną... O Jėzus paguodai byloja: „Gal manote, kad esu atėjęs atnešti žemėn taikos? Ne, sakau jums, ne taikos, o nesantarvės." Nieko sau paguoda! Jis, Ramybės Kunigaikštis, Paguodos Kunigaikštis (plg. Iz 9, 5), mums sako tikrą tiesą, ką esame patyrę tikrai ne kartą, – kad dėl Jo dažniausiai kyla nesantaika, vaidai, kitąkart net ir neapykanta, gili neapykanta, besitęsianti metų metus – žiojėjančios žaizdos mūsų gyvenimuose, mūsų šeimose, mūsų širdyse.

Kodėl taip yra? Juk Jėzus yra Ramybės Kunigaikštis!..

Labai gražu, kad mūsų gimtojoje kalboje esama perskyros tarp ramybės ir taikos. „Taika" daugiau reiškia, jeigu taip pasakytume kasdieniškai, politiškai, socialinę taiką, tarpusavio santykių tarp žmonių taiką, o „ramybė" pirmiausia reiškia mūsų vidinę nuostatą, mūsų žvilgsnį į save ir kitus, kuris, žinoma, gali būti neramus, gal net kupinas siaubo, bet kuris taip pat gali būti sklidinas ir nežemiškos ramybės. Su tuo, tikiu, esame visi nors vieną kartą gyvenime susidūrę, jeigu tikrai susitikome

Kristų, jeigu patyrėme Jo Meilės ugnį, nutvilkiusią mūsų širdis, sušildžiusią jas, sugrubusias, apšvietusią mūsų sielos akis...

Vis dėlto Jėzaus žodžiai tikrai nepaneigiami, tiesiog *pačiupinėjami* mūsų kasdienybėje: „Tėvas stos prieš sūnų, o sūnus prieš tėvą, motina prieš dukterį, o duktė prieš motiną; anyta prieš marčią, ir marti prieš anytą.“ Jau grynai žmogiškai taip dažnai marti nesutaria su anyta, tėvas nesutaria su sūnumi, dukra nesutaria su motina... Tėvas su dukra – dažnai kiek geriau, ir sūnus su motina šiek tiek geriau, bet tas *šiek tiek* tėra tik kelių milimetrų skirtumas. Vis tiek mūsų gyvenimas yra toks kupinas įtampos, pykčių, draskymosi, kurie padaro iš mūsų nebe žmones, bet – net nesmagu sakyti – žvėris (mat taip sakydamas gali įžeisti žvėris...).

Kokia didelė širdies ramybės kaina! Juk esama Jėzaus Ramybės, kuri yra iš dangaus atneštoji Ramybė (plg. Jn 14, 27), ir esama šio pasaulio – nedrįsčiau sakyti – „ramybės“, bet greičiau *pseudoramybės*, kuri iš tiesų yra letargas, hipnozė, į kuriuos panardina nuodėmė. Nuodėmė mus atbukina, padaro nejautrius, ir tai yra *neva* ramybė, – kai gali ramiai žiūrėti į kito kančią, į kito skausmą, ir praeini, ir tau nieko, nes tavo širdis yra užkietėjusi ir užtemusi. Į šitą *pseudoramybę* ir kviečia *pseudoglobėjas, pseudoparakletas*, tas netikrasis mūsų „guodėjas“: „Nemylėk ir viskas bus gerai, ir būsi ramus, nes jeigu mylėsi – nudegsi pirštus!“ Svarbiausia, kad tai yra mūsų pačių dažna patirtis, atliepia mūsų širdžiai, ir jeigu mes pasiduodame šiam melui, tada prasmengame toje netikroje *pseudoramybėje*, kuri jau smirdi mirtimi, mūsų širdies mirtimi – ką ten kūno, – *širdies* mirtimi, dėl kurios mes *jau* esame tiktai mirusieji, apie kuriuos Jėzus pasakė: „Palik mirusiems laidoti savo mirusius, o tu eik ir sek paskui mane, skelbk Karalystę“ (plg. Lk 9, 60; Mt 8, 22), kuri yra Gyvybės ir Šviesos Karalystė.

Tai iš šito letargo, iš šitos netikros ramybės Jėzus ir nori mus ištraukti. Todėl Jis ir ateina sukelti drebėjimo – žemės drebėjimo – mūsų gyvenimo drebėjimo, kad pažadintų mus ir duotų mums *širdies* ramybę. O jeigu toji širdies ramybė įsikuria mumyse, tada jau piktasis deda visas pastangas, kad tiktai ją iš ten išblaškytų. Atrodytų, taip ir lieki žmogus tarp dviejų ugnių ir kamuojiesi, o baisiausia, kad toji nesantaika galiausiai *tik atsispindi* mūsų tarpusavio santykiuose – visuomenėje, bendruomenėje, šeimoje, bet pirmiausia ji *yra mūsų širdyje*. Pirmiausia ten prasideda nesantaika – tarp troškimo būti nuolankiam, būti švelniam, būti tyram ir kūno geismo, akių geismo, gyvenimo puikybės. Kiekvienas traukia į savo pusę, ir kuo labiau leidžiamės patraukiami kurios vienos pusės, tuo mažiau mes tampame jautrūs kitos pusės traukimui.

Štai, broliai, seserys, išsigelbėjimas – kaip matote, nėra taip, kad visą gyvenimą taip ir reikės plėšytis tarp vieno ir kito. Ne – jeigu mes pasirenkame viena arba kita, tada mes vis labiau galime patirti tos pasirinktosios ramybės, o kartu mus vis mažiau žeis iš kito ateinanti neramybė: „Nebijome, net jeigu ir žemė drebėtų, ir kalnai griūtų į jūrų gelmę“, kaip sako psalmininkas (plg. Ps 45(46), 3), – nes mūsų širdy viešpatauja ramybė. Mūsų tarpe dar tebėra tokių, kuriems grėsė pavojus ne tik laisvės, bet ir gyvybės netekti. Jie puikiausiai galėtų paliudyti, kokią ramybę tada jautė savo širdyje – ramybę, kurios negali išblaškyti net ir baisiausi gąsdinimai, bjauriausi šantažai, manipuliacijos, psichologinis spaudimas, net kankinimas, – nes su jais buvo toji Šviesa, toji šiluma, toji Ramybė, kurios pasaulis duoti negali (plg. Jn 14, 27). Ir atvirkščiai – jeigu mes leidžiamės visiškai užkietinami nuodėmės, tuomet daromės nebejautrūs malonei, kuri tada nuteka nuo mūsų kaip vanduo nuo žąsies plunksnų, o mes vis labiau ir labiau tampame it gyvi lavonai. Mat nuodėmės teikiama „ramybė" – tai lavono, mirties ramybė: negyva, šalta, tamsi ramybė, kuri galiausiai anaiptol nėra ramybė, bet tiesiog nejautrumas, atbukimas, abejingumas.

Kita vertus, toji Ramybė, kurią Jėzus duoda, nėra tokia, kaip *dzen* budistų ramybė, *nirvana* – ne, ta Ramybė yra kupina palaimingos įtampos ir troškimo regėti Mylimojo Veidą. Ir netgi tada, kai pagaliau Jį regėsime, toji palaima nebus *statiška* – ji bus *dinamiška*, nes vis labiau ir labiau „nersime" į begalinę artumo su Juo gelmę. Tad amžinoji Ramybė anaiptol nebus tokia, kokią mes galbūt įsivaizduojame...

Taigi – Ramybė, ateinanti iš Jėzaus, teikia palaimą, o letargas, kuriuo piktasis mus užliūliuoja, mus daro nelaimingus. Tuomet tai, kas vyksta mūsų širdyje, atsispindi, kaip minėjau, mūsų tarpusavio santykiuose: dažniausiai įsivaizduojame, kad, va, – kadangi mes tikime Kristų, dėl to mus ir *pjauna* mūsų netikintys artimieji, giminaičiai ir draugai. Vis dėlto atkreipkime dėmesį į vieną svarbų dalyką – būtent, kad ir mes kitą kartą tampame tokios nesantaikos – šėtoniškos, visai ne dieviškos – šaltiniu, imdami *pjauti* savo artimuosius, kad jie būtų geri katalikai. Šitaip tikrai nepatrauksim žmogaus prie Dievo, tiktai dar labiau jį atstumsim... Vienintelis būdas *užkrėsti* žmones Jėzaus Ramybe, šiluma, Šviesa yra nuolankumas, švelnumas, jautrumas – toks, kaip šv. Monikos, šv. Augustino motinos, kuri sugebėjo patraukti savo visiško pagonio vyro širdį savo gyvenimo švelnumu ir jautrumu, patraukti jo neramią ir netgi žiaurią širdį į tą švelnumą ir Ramybę, kuriuos teikia vien tik Jėzus.

To žodžiais nepaaiškinsi, tai galima tik patirti... Todėl, kai šiandien artinsimės prie Jėzaus, paprašykime, kad Jis ateitų su savo Ramybe, net jeigu mums tai kainuotų taiką: taiką šeimoje, darbe, mūsų vis labiau temstančioje ir šaltėjančioje visuomenėje. Patyrę Jėzaus Ramybę, paragavę šio vyno, mes daugiau nieko nebenorėsime ir būsime pasiryžę viską atiduoti už šį dangaus balzamą, kuris jau dabar mus daro dangiškomis būtybėmis, jau dabar mus *išsviesina*: nuo jo šviesėja mūsų veidas, mūsų akys, mes daromės lengvi. Taip norėčiau, kad mes visi šiandien po Komunijos pasijustume lengvi!.. Prašykime šios malonės visi kartu, prašykime jos vieni kitiems. Aš prašysiu jos jums. Jūs prašykite jos man ir mano broliams bei seserims.

2019 rugpjūtis

Tarp gyvenimo ir mirties

Tuojau po minios pavalgydinimo Jėzus prispyrė mokinius sėsti į valtį ir plaukti pirma jo kitapus ežero, kol jis atleisiąs minią. Atleidęs minią, jis užkopė nuošaliai į kalną melstis. Ir atėjus vakarui, jis buvo ten vienas.
Tuo tarpu valtis jau toli toli nuplaukė nuo kranto, blaškoma bangų, nes pūtė priešingas vėjas. Ketvirtos nakties sargybos metu Jėzus atėjo pas juos, žengdamas ežero paviršiumi. Pamatę jį einantį virš vandens, mokiniai nusigando ir, manydami, jog tai šmėkla, iš baimės ėmė šaukti. Jėzus tuojau juos prakalbino: „Nusiraminkite, tai aš, nebijokite!“
Petras atsiliepė: „Viešpatie, jei čia tu, liepk man ateiti pas tave vandeniu.“
Jis atsakė: „Eik!“
Petras, išlipęs iš valties, ėmė eiti vandens paviršiumi ir nuėjo prie Jėzaus. Bet, pamatęs vėjo smarkumą, jis nusigando ir, pradėjęs skęsti, sušuko: „Viešpatie, gelbėk mane!“

Tuojau ištiesęs ranką, Jėzus sugriebė jį ir tarė: „Silpnatiki, ko suabejojai?!" Jiems įlipus į valtį, vėjas nurimo.
Tie, kurie buvo valtyje, pagarbino jį, sakydami: „Tikrai tu Dievo Sūnus!"

Mt 14, 22–33

Paprastai Jėzus apie Dangaus Karalystę kalba palyginimais: Dangaus Karalystė panaši į dirvoje paslėptą lobį; į pirklį, ieškantį gražių perlų; į piemenį, kuris ieško paklydusios avies; į moterį, kuri įmaišo į tris saikus miltų raugo; į mažą garstyčios grūdelį, kuris užauga didesnis už visas daržoves. Galėtų Jėzus sakyti ir tokį palyginimą: Dangaus Karalystė yra panaši į žmogų, kuris eina vandens paviršiumi. Bet kažkodėl nesako... Suprantama – kodėl: nes tai visiškai neatitinka mūsų patirties. Tai būtų neįtikima! Todėl Jėzus nusprendžia sukurti mokiniams tokią situaciją, kad toks palyginimas būtų ne vien Jėzaus mokymas, žodis, bet išgyventas jų pačių. Kodėl reikėjo šios mizanscenos?

Jėzaus pasivaikščiojimas vandeniu vidury nakties, prieš aušrą, yra simbolinis. Žinoma, jis yra tikras, bet simbolinis mums, gyvenantiems XXI amžiuje. Jeigu žvelgsime į Šventojo Rašto biblinius simbolius, galėsime perskaityti šį įvykį daug giliau, negu priimdami pažodžiui tai, kas parašyta.

Jūra, vanduo Šventajame Rašte reiškia mirtį, mirusiųjų karalystę, nuodėmę, netgi pragarą. Šv. Jonas Apreiškimo knygos pabaigoje regi naują dangų ir naują žemę, bet sako, kad jūros ten nebeliko (plg. Apr 21, 1), nes nebeliko nuodėmės. Vadinasi, vaikščiojimas Galilėjos jūra – ežeru, bet iš tikrųjų jūra (gr. *thalassa*) – yra vaikščiojimas mirusiųjų karalystės paviršiumi. O Jėzus šiuo pasivaikščiojimu mums nori kalbėti apie Dangaus, apie Dievo, vadinasi, Gyvojo, gyvųjų Karalystę.

Jis ateina nuo kranto, tvirto ir stabilaus, kuris yra amžinybės simbolis. Jėzus – Dievas-Žmogus – stovi ne šiaip ant kranto, bet ant aukšto kalno: Jis yra Dievas. Jis ateina į mūsų pasaulį, kuris nuolat sklendžia mirusiųjų pasaulio paviršiumi, tarp mirties ir gyvenimo – kiekvieną akimirką, nes bet kurią akimirką galime įpulti į tą vandenį ir nuskęsti, įžengti į mirusiųjų karalystę. Ateina tada, kai tamsu, ketvirtosios nakties sargybos metu (prieš aušrą, apie penktą ar šeštą valandą ryto), kai mokiniai jau visiškai nuvargę ir labai nori miego.

Ir šiaip labai įdomu, kad Jėzus *prispyrė* mokinius sėsti į valtį ir plaukti pirma Jo. Mokiniai, būdami tos vietos gyventojais, puikiai žinojo – kyla audra, pavojinga plaukti, ir dar naktį! Bet Viešpaties žodis – reikia klausyti, plaukti – be Jo! Galime tik įsivaizduoti, kokie jie buvo suirzę – greitai rytas, niekaip nepriplaukiam, didžiulis vėjas ir bangos, o Jo nėra – Jis meldžiasi.

Ir štai pasirodo Jėzus, einantis vandens paviršiumi.

Mokiniai valtyje su Petru, vyriausiuoju. *Petro valtis*, kaip giedama giesmėj – tai Bažnyčia, gabaliukas tvirto kranto – amžinybės, bet labai nestabilus – juk pučia priešpriešis vėjas, bangos ritasi per kraštus į vidų, grasina skandinti. *Pneuma* (graikų k. „vėjas", bet taip pat reiškia ir „dvasią"; vadinasi, galime versti ir „dūko priešinga dvasia") trukdė pasiekti krantą – pasiekti amžinybę ir kėlė bangas, grasino nuskandinti *Petro laivą* su visais mokiniais

Bet štai ežero paviršiumi ateina Jėzus ir sako: „Aš Esu." Ne „tai Aš", kaip išversta, bet „Aš Esu" – *Ego Eimi* (graikiškai tai yra Dievo vardas – „Aš Esu"). Jeigu Jėzus yra Dievas, tada Jis gali vaikščioti vandens paviršiumi, Jis gali eiti nesušlapdamas kojų mirtimi, nuodėme, nes Jis yra Dievas, *Ego Eimi* – „aš esu, Kuris Esu" (Iš 3,14) – tai tas pats Vardas, kuriuo Izraelio Dievas prisistatė Mozei iš liepsnojančio krūmo, – „Nebijokite!" Piktoji dvasia, priešinga dvasia, įkvepia baimę – mat kai bijome, tampame surakinti, įkalinti, tampame vergais, ir tada ji gali mumis manipuliuoti. O Jėzus ateina išlaisvinti: *Ego Eimi* – „Aš Esu, Kuris Esu. Nebijokite!" Kodėl? Nes Aš jus myliu... Šv. Jonas Pirmajame laiške rašo: „Tobula meilė išveja baimę" (1 Jn 4, 18). Štai kas išveja baimę, – tobula Meilė, kuri gali būti tik Dievo, nes mūsų meilė netobula.

Ir tada Petras (neįmanoma neatpažinti Petro charakterio...): „Viešpatie, jei tai Tu, liepk man ateiti pas Tave vandeniu!" Prisiminkime Paskutinę vakarienę: „Viešpatie, aš atiduosiu gyvybę už Tave!" (plg. Jn 13, 37), „Viešpatie, jeigu taip, tai nuplauk ne tik kojas, bet ir galvą, ir rankas, ir visą mane!" (plg. Jn 13, 9) – tas pats Petro užsidegimas: „Viešpatie, jei tai Tu, liepk man ateiti pas Tave vandeniu!" Petras žvelgia į Viešpatį ir girdi Jo atsakymą: „Eik!" Vėl galime prisiminti Pirmąjį Jono laišką, kur Jonas rašo: „[Mes] būsime panašūs į jį, nes matysime jį tokį, koks jis yra" (1 Jn 3, 2). Kitaip sakant, regėdami Dievą, mes tampame Jo dieviškosios prigimties dalininkais (plg. 2 Pt 1, 4), kaip sako patsai Petras savo laiške.

Žvelgti į Viešpatį mes galime ne tik amžinybėje kontempliuodami Jo Veidą, bet ir dabar – tikėjimu. Tikėjimu žvelgdami į Viešpatį daromės panašūs į Jį – mes nebebijome, imame mylėti. Tapdami Jo dieviškosios prigimties dalininkais galime vaikščioti jūros paviršiumi, – mirtis ir nuodėmė mums nieko nebegali padaryti. „Bet, pamatęs vėjo smarkumą (*pneuma*...), jis nusigando ir, pradėjęs skęsti, sušuko: ‚Viešpatie, gelbėk mane!'"

Kiekvieną kartą, kai pasiduodame baimei, mirtis, mirusiųjų karalystė vėl mus trukteli, ištraukia iš Dievo – Ramybės ir Meilės, dieviškosios prigimties galių – Karalystės. Bet ačiū Jėzui, kuris yra Dievas – Jis ištiesia ranką! Tai Meilė, nugalinti Petro baimę, dėl kurios jis ima skęsti. Kartu tai yra ženklas ir Jėzaus Prisikėlimo, kuriuo Jis nugali mirtį, nuodėmę ir baimę: prisiminkime Prisikėlimo ikoną, kurioje pasilenkęs Prisikėlusysis už rankos traukia iš mirusiųjų karalystės mūsų pirmąjį tėvą Adomą ir Ievą, mūsų pirmąją motiną. Taip ir čia, – pasilenkęs prie Petro Jis traukia jį iš mirties karalystės. Tai Prisikėlusiojo mostas, Prisikėlusiojo veiksmas – Meilės, kuri nugali baimę, mus įkalinančią ir pavergiančią priešingai dvasiai.

Jiems kartu – Jėzui ir Petrui – įlipus į valtį, vėjas nurimo. Priešinga dvasia nieko nebegali padaryti – kur yra Jėzus, ten Ramybė, ten Meilės pergalė. Todėl prašykime Viešpatį, kad ir mes galėtume žvelgti į Jį, kad ir mums nušvistų veidas, kaip sako psalmininkas (plg. Ps 79(80), 8. 20), kad mūsų širdį užlietų Ramybė, ir kad tobula Meile, kurią patiriame iš šią Viešpaties dieną švenčiamo Prisikėlusiojo, galėtume būti išlaisvinti gyvenimui, mūsų laukiančiam ant kranto, amžinybėje.

2011 rugpjūtis

Kas Dievo – Dievui

Fariziejai pasitraukė ir tarėsi, kaip Jėzų sugauti kalboje.
Jie nusiuntė pas jį savo mokinių kartu su Erodo šalininkais paklausti: „Mokytojau, mes žinome, kad esi tiesiakalbis, mokai tikro Dievo kelio ir niekam nepataikauji, neatsižvelgi į asmenis. Tad pasakyk, kaip manai: valia mokėti ciesoriui mokesčius ar ne?"
Suprasdamas jų klastą, Jėzus tarė: „Kam spendžiate man pinkles, veidmainiai? Parodykite man mokesčių pinigą!" Jie padavė jam denarą.
Jis paklausė: „Kieno čia paveikslas ir įrašas?"
Jie atsakė: „Ciesoriaus".
Tuomet Jėzus tarė: „Atiduokite tad, kas ciesoriaus, ciesoriui, o kas Dievo – Dievui."

Mt 22, 15–21

Mums, įpratusiems gyvenime gudrauti, šis Jėzaus atsakymas iš tikrųjų kelia nuostabą – koks Jėzus gudrus! Puikiai žinome, ką reiškia toks Jo atsakymas. Juk jeigu Jis būtų sakęs: „Mokėkime mokesčius ciesoriui", vadinasi, Jis būtų buvęs kolaborantų pusėje, okupantų pusėje („taip, taip, mokėkime diktatoriams mokesčius, pirkime tas nežmoniškai brangias dujas iš rusų"). Bet jeigu Jis būtų pasakęs: „Ne, nemokėkime tų mokesčių", tada tai būtų buvęs puikiausias pretekstas Jį apkaltinti – „žiūrėkite, šitas kelia maištą, drumsčia ramybę!" Atrodo, kad Jėzui abudu keliai būtų buvę pragaištingi – kad ir ką Jis būtų sakęs, vis tiek būtų likęs kaltas. O Jis ima ir pasako taip, kad lieka visai nekaltas, nesusitepęs fariziejų ir erodininkų klasta... Jis sako: „Kas ciesoriaus, atiduokite ciesoriui, o kas Dievo – Dievui", – juk ant denaro – ciesoriaus atvaizdas, tad ir pinigas jo! Bet ką tada reiškia: „Atiduokite tai, kas Dievo – Dievui"?.. Jėzus, taip sakydamas, padaro paralelę – analogiškai palygina žmogų su pinigu: ant pinigo yra ciesoriaus atvaizdas, todėl reikia atiduoti tą pinigą ciesoriui, o žmogus yra Dievo atvaizdas ir panašumas (plg. Pr 1, 26), todėl žmogų irgi reikia atiduoti – Dievui.

Bet kaip tą padaryti?

Pasigilinkime dar truputėlį į šią pinigo analogiją. Juk pinigai yra labai svarbūs mūsų ir mūsų visuomenės gyvenime. Absoliuti dauguma šios planetos gyventojų galvoja, kad viskas laikosi ant pinigų, ir jie beveik neklysta. Ką iš tikrųjų reiškia pinigas? Juk tai tik metalo gabaliukas, tik popieriukas, gražesnis ar ne toks gražus, spalvotas ar nelabai – pats savaime jis neturi jokios vertės. Bet jis turi vertę ir galybę tiek, kiek jam jos suteikta ciesoriaus – valstybės, pinigų leidėjo, kuris sako: „Tai yra mano galybė!" Tuomet tas, iš tikrųjų nieko nevertas, popieriukas ar gelžgaliukas tampa labai labai galingas, su kuriuo galima padaryti nuostabių dalykų: pastatyti didingas katedras, mokyklas, ligonines, bet su kuriuo galima taip pat padaryti ir baisių dalykų. Dėl pinigų žmonės užmušinėja, prievartauja, velniui dūšią parduoda. Tad jeigu žmogus yra, taip sakant, „Dievo pinigas", vadinasi, jis irgi savaime vertės teturi ne ką daugiau negu tas gelžgaliukas ar popieriukas: mes patys savaime ne ką tesiskiriame nuo beždžionių ar kitų gyvūnų, bet... mumyse yra įspaustas Dievo paveikslas ir panašumas! Dėl to mūsų kūnas, kuris biologijos ir genetikos mokslų požiūriu iš tikrųjų yra labai panašus į beždžionės arba kiaulės, tampa neįkainojamos vertės, o ir visa, ką mes darome, irgi tampa neįkainojamos vertės ir svorio. Ir tai turi milžiniškų padarinių tiek mums patiems, tiek mūsų artimui, visai žmonių giminei ir visam pasauliui.

Minėjau, kad su pinigais galima padaryti ir daug nuostabių, ir daug baisių dalykų. Taip pat ir mes, žmonės – „Dievo pinigai" – Dievo galybe, įspausta mūsų iš tikrųjų nelabai vertame kūne, galime padaryti nuostabių dalykų, bet galime padaryti ir baisių. Toji galybė yra mūsų širdyje, mūsų nuostatose – kaip mes mąstome, ką mes mąstome, ką ir kaip kalbame, ką sakome ir ypač – ką darome, arba ko nedarome. Mes galime sugriauti arba pastatyti, mes galime užkurti ugnį, kuri šildo, arba sukelti gaisrą, kuris naikina. Tačiau net jeigu ir būtume „nešvarūs pinigai" – na, tie – kruvini, ašaromis sulaistyti, kančių prisigėrę, – mus, kaip ir tuos nešvarius pinigus, galima *išplauti*. Žinot, kad yra, kas *plauna pinigus*?.. Tad ir mus galima *išplauti*. Nes jeigu pasižiūrėsim taip labai sąžiningai, atvirai, tai tikrai esame tokie pinigai, kuriais buvo padaryta blogo – daugiau ar mažiau, bet buvo padaryta. Esam „nešvarūs pinigai", todėl mus reikia *išplauti*. Ar žinot, kaip *pinigus plauna*? Su tais nešvariais pinigais ima ir padaro kokį nors gerą, labdaringą darbą, pavyzdžiui, paskiria mafijos pinigus kokiai bažnyčiai restauruoti – ir taip būna... Matot, kaip tie pinigai susuka galvą! Bet jie vis tiek lieka nešvarūs, nors ir neva *išplauti*. Tačiau kadangi Dievo akyse mes esame labai brangūs, mes iš tiesų galime būti *išplauti* – Jėzaus

Krauju (plg. Apr 1, 5), kad nuo šiol per mus iš tikrųjų galėtų veikti Dievo galybė, spindėtų Dievo paveikslas ir panašumas. Bet tam reikia, kad mes nebebūtume toje blogio apyvartoje, kuri prasideda mūsų širdy, – ten prasideda visi *bizniukai*, visi *sandėriai*, visi *kontraktai* – kitą kartą tikrai su pačiu velniu! Bet vis dėlto dar yra laiko – kol *mokesčių inspekcija neareštavo*, dar galima mus *išplauti*, dar galime tapti *gerais pinigais*.

Todėl prašykime Dievo Avinėlio, kuris naikina pasaulio nuodėmes, kuris „išplauna mūsų apsiaustus savo Krauju" (plg. Apr 7, 14), kad grįžtume prie to tikslo, dėl kurio Dievas mus sukūrė, kad iš tiesų būtume Jo Galybė, Jo Išmintis (plg. 1 Kor 1, 24), Jo Šviesa ir Paguoda vieni kitiems ir visiems sutiktiesiems, kad iš tikrųjų – kas ciesoriaus – būtų ciesoriui, bet kas Dievo – priklausytų Dievui.

2011 spalis

Dievo ikona

Atėjo fariziejų, kurie, spęsdami Jėzui pinkles, klausė jį, ar galima atleisti žmoną.
Jis atsakė jiems: „O ką jums yra įsakęs Mozė?"
Jie tarė: „Mozė leido parašyti skyrybų raštą ir atleisti."
Tuomet Jėzus prabilo: „Dėl jūsų širdies kietumo parašė jums Mozė tokį nuostatą. O nuo sutvėrimo pradžios ‚Dievas sukūrė juos kaip vyrą ir moterį. Štai kodėl vyras paliks savo tėvą ir motiną ir glausis prie žmonos, ir du taps vienu kūnu'. Taigi jie – jau nebe du, o vienas kūnas. Todėl, ką Dievas sujungė, žmogus teneišskiria!"
Namie mokiniai vėl klausė Jėzų apie tą dalyką. Jis atsakė: „Kas atleidžia savo žmoną ir veda kitą, tas nusikalsta pirmajai svetimavimu. Ir jei moteris palieka savo vyrą ir išteka už kito, ji svetimauja."
Jam nešė vaikučius, kad juos palytėtų, bet mokiniai jiems draudė. Tai pamatęs, Jėzus užsirūstino ir tarė jiems: „Leiskite mažutėliams ateiti pas mane ir netrukdykite, nes tokių yra Dievo karalystė. Iš tiesų sakau jums: kas nepriima Dievo

karalystės kaip vaikas, – neįeis į ją."
Ir jis laimino juos, apkabindamas ir dėdamas ant jų rankas.
Mk 10, 2–16

Pasaulio pradžioje, kai Dievas sukūrė žmogų kaip vyrą ir moterį (žr. Pr 1, 27), pirmieji Dievo žodžiai žmogui buvo pozityvūs, teigiami: „Jūs valgysite nuo kiekvieno sodo medžio", ir tik paskui negatyvus draudimas – „bet nuo vieno sodo medžio nevalgysite" (plg. Pr 2, 16–17). O mes, žmonės, po gimtosios nuodėmės katastrofos, po nuopuolio, mes žiūrime visai ne Dievo žvilgsniu, nes paprastai pradedame nuo to, kas negatyvu. Tad ir fariziejai, atėję pas Jėzų, irgi pradeda nuo neigiamo dalyko: „Ar galima atleisti žmoną?" Atrodo taip, tarsi negatyvumas būtų svarbiau už šį nepaprastą Dievo šedevrą – vyro ir moters vaisingą, ištvermingą, ištikimą, nesuardomą meilę, kuri yra paties Dievo Trejybės – ištikimos, vaisingos, ištvermingos, nesuardomos Meilės – atspindys. Kad galėtume kontempliuoti šį slėpinį vieni kituose ir savo pačių gyvenime, mes pirmiausia turime išlaisvinti savo širdį nuo tokio negatyvaus, neigiančio, nepatenkinto žvilgsnio. Kitaip Jėzaus žodžiai yra „kieti, ir kas gali jų klausytis?" (plg. Jn 6, 60). Tada jau geriau neiti paskui Jį...

Absoliuti pasaulio dauguma šiandien būtent taip ir traktuoja šiuos Jėzaus žodžius. Juk mes visi esame sužeisti gimtosios nuodėmės padarinių būtent šioje, nuostabiausio Dievo šedevro – santuokos ir šeimos – srityje. Visi mes – ir susituokę, ir nesusituokę, nes beveik visų mūsų gyvenimas šiame pasaulyje prasidėjo šeimoje, beveik visi sutikome motinos, tėvo žvilgsnį, pirmąjį žvilgsnį, kurio nebeatsimename. Tačiau ką mes puikiai atsimename, kaip tie fariziejai, – tai visas nuoskaudas, žaizdas, panieką, išdavystes – tiek mūsų tėvų, tiek sutuoktinio, tiek vaikų. Ir todėl dažnai nebematome, jog esame Trejybinio Dievo ikona – visu savo gyvenimu, savo kūnu, savo siela, savo meile, savo pažadu mylėti ištikimai iki mirties. Tokia ikona esame mes visi: kunigai – vienintelio, tyrojo, nesutepto, skaisčiojo Jaunikio – Avinėlio provaizdis ir ikona; vienuoliai ir vienuolės, pasaulyje Dievui pašvęstieji asmenys – tyros, nesuteptos, skaisčios Nuotakos – Bažnyčios provaizdis ir ikona; ir, pagaliau, krikščionys sutuoktiniai, savo gyvenimu taip pat esantys tyros, skaisčios ir nesuteptos Kristaus Meilės Bažnyčiai ir Bažnyčios meilės Kristui provaizdis ir ikona. Tačiau ši ikona ir kuniguose, ir vienuoliuose bei vienuolėse, pašvęstuosiuose asmenyse, ir susituokusiuose krikščionyse labai dažnai būna aptemusi, aprūkusi, suskilinėjusi, subraižyta, ištepliota purvu, nebeatpažįstamai išniekinta. Todėl mes ir nebeįžiūrime jos vertės, jos grožio ir stebuklingumo. Tuomet mėginame bėgti nuo to bjaurumo, nuo purvo, kuriuo ikona yra apsinešusi, bet kur nebėgtume, visur rasime tą patį, gal tik koncentracija bus šiek tiek mažesnė ar, priešingai, dar didesnė: tiek kalbant apie kunigus, vienuolius, vienuoles, tiek ir apie santuoką. Vadinasi, neišspręsime šios problemos nei bėgdami iš kunigystės ar vienuolystės, nei bėgdami iš savo santuokos į kitą. Ši problema mums yra neišsprendžiama, nes visos tos žaizdos kyla iš mūsų pirmųjų tėvų nepaklusnumo, jų nusigręžimo nuo Dievo (žr. Pr 3, 6–13. 16–19). Ir jeigu mes einame jų pėdomis, neišvengiamai mūsų gyvenimas darosi vis niūresnis, baisesnis, beviltiškesnis ir bjauresnis. Vienintelis, kuris gali *restauruoti* šią ikoną, yra mūsų Viešpats Jėzus Kristus, nes Jis – tikrasis Kunigas, Jis – tikroji Meilė, Jis – tikrasis Sutuoktinis. Priimdami Santuokos sakramentą, krikščionys vienas kitam prisiekia, sakydami: „Aš imu tave ir prisiekiu tave mylėti ir gerbti – ar vargas suspaus, ar laimė lydės, – visą gyvenimą tave mylėsiu ir gerbsiu." Toji priesaika yra ne tik vyro žmonai ir žmonos vyrui, ši priesaika taip pat yra paties Jėzaus priesaika ir žmonai, ir vyrui, nes kiekviename sakramente – čia ir dabar – esti pats Jėzus taip, kaip žadėjo: „Štai esu su jumis per visas dienas iki pasaulio pabaigos" (Mt 28, 20).

Jis yra sakramentuose. Jis yra Eucharistijoje, kurią susirenkame švęsti Viešpaties Prisikėlimo dieną. Jis yra ir Santuokoje – savo ištikimybe. Žinoma, žmogus dėl savo trapumo, nuodėmingumo ir silpnumo gali išduoti, palikti, nusisukti. Ne vienas iš mūsų esame sužeisti tokios išdavystės mūsų pačių arba mūsų tėvų santuokoje, arba mūsų vaikų santuokose, kai jie išsiskiria. Tačiau net ir tada kai kas lieka ištikimas visada – Jėzus. Jeigu žmogus ir sulaužo priesaiką, Dievas jos nesulaužo. Jis lieka ištikimas iki mirties, ir netgi anapus mirties. Jis lieka ištikimas amžinai. Štai kodėl tie žodžiai anaiptol nėra kieti. Jie yra švelnūs ir malonūs, nes tai paties Jėzaus ištikimybės ir paguodos žodžiai, net jeigu mums neišvengiamai ir tenka kentėti santuokoje bei šeimoje.

Kad gyventume šiuo Dievo-Trejybės slėpiniu, kad būtume regima Švč. Trejybės ikona, mes turime numirti sau, savo egoistiniams polinkiams, idant būtume dovana kitam. Taip, kaip buvo pradžioje: Adomas buvo dovana Ievai, ir Ieva buvo dovana Adomui, – Dievo dovana (žr. Pr 2, 21–23), nuostabi, fantastiška! Bet po nuodėmės žmogaus širdis atsigręžė į save, jo nagai užsilenkė į save: jis ėmė rūpintis pirmiausia savimi. O atgręžti savo širdį į kitą mums tapo kančia, – kaip tam sužalotam žmogui, gulinčiam pusę metų lovoje ir nebenorinčiam keltis, nes skauda, nes reikia daug jėgų, daug pastangų, kad vėl eitum... Jeigu po santuokoje ištikusių nesėkmių kapituliuosime, taip ir liksime gulėti purve, nugalėti mūsų priešo. Bet jeigu kelsimės, jeigu tarnausime – ne tiek vyrui, ne tiek žmonai, kiek Kristui vyre ir Kristui žmonoje, net jeigu šis ar ši ir neatspindi mums Kristaus, kuris taip pat tapo tarnu dėl mūsų, – mes vėl iš naujo galėsime vaikščioti meilės keliais! Mylėsime taip, kaip Dievas mus sukūrė mylėti, tokia meile, kokios nostalgija tebeglūdi visų mūsų širdyse. Juk visi trokštame mylėti ir būti mylimi – ištikima, ištverminga, neišardoma meile...

Tačiau kai krikščionys leidžiasi į intymius santykius neprisiekę tokios ištikimybės ir meilės, jie išniekina Viešpaties Meilės sandorą. Jie išniekina šią ištikimos ir nesuardomos Meilės ikoną, kokia tampa vyras ir žmona Kristuje. Jie išniekina Kristaus ir Bažnyčios, Kristaus ir žmonijos neišardomos vienybės ikoną. Tada jie išduoda patį Kristų.

Sena lotynų patarlė sako: *corruptio optimi pessima* – „geriausių dalykų sugedimas yra tai, kas blogiausia". Kad pagonys išsiskiria, deja, tai nieko nuostabaus, bet kai krikščionys palieka vienas kitą, tai yra baisu, kai kunigas palieka savo Viešpatį, tai yra kraupu. Tuomet nė kiek nenuostabu, kad pasaulis netiki. Tai yra mūsų tikėjimo klausimas! Ar mes matome savo kasdienybėje, savo priesaikoje, kuri kasdien turi įsikūnyti, atsinaujinti, kad tai yra mūsų santykio su Dievu klausimas? Pirmiau už mūsų santykio su sutuoktiniu klausimą, pirmiau už mūsų santykį su ganytoju, arba ganytojo santykį su bendruomene, esama mūsų santykio su Viešpačiu klausimo. Vadinasi, ir mūsų tikėjimo, mūsų asmeninio pasitikėjimo Juo klausimo. Tebūna ši Evangelija rimtas paties Jėzaus klausimas mums – taip, kaip Petrui po trigubo išsigynimo: „Ar myli mane?" (žr. Jn 21, 15–17). O, kad galėtume atsakyti net ne žodžiais, bet širdimi, žvilgsniu, bučiniu savo sutuoktiniui, per kurį įsipareigojome ir Jėzui! O, kad galėtume atsakyti Jėzui savo ganytojuose! O ir mes, ganytojai, – jums, kurie mums taip pat esate Kristus, kad mes visi galėtume atsakyti: „Viešpatie, tu viską žinai. Tu žinai, kad tave myliu" (Jn 21, 17).

Čia ir būtų galima baigti šį pamokslą, tačiau šios dienos Evangelijos ištrauka baigiasi labai keistai. Motina Bažnyčia mus dar kviečia išgirsti apie vaikučius, kuriuos nešė Jėzui, kad Jis juos palytėtų, o mokiniai draudė. Jėzus, tai pamatęs, užsirūstino ir liepia: „Leiskite mažutėliams ateiti pas mane ir netrukdykite, nes tokių yra Dievo Karalystė." Šie Jėzaus žodžiai mūsų prieš tai girdėtos Evangelijos šviesoje suspindi nauja prasme, nes tie mažutėliai, nešami pas Jėzų, kad būtų palaiminti, juk yra vyro ir žmonos meilės vaisius. Vadinasi, juos atnešti Jėzui reiškia pripažinti ir išpažinti, kad tikrai mano sutuoktinis ar sutuoktinė man yra Dievo dovana, ir dovana su kaupu, kaupu, kuris yra mažutėlis vaikelis. Jis yra Dievo dovanos kaupas, perviršis, kurį Dievas dovanoja tiems, kurie nori būti ištikimi Jėzui. Tad Jis juos laimina ir prašo mokinių (ir susituokusių, ir nesusituokusių): „Leiskite mažutėliams ateiti pas mane ir netrukdykite!" O kaip gi mes trukdome mažutėliams ateiti pas Jėzų? Kai jie, žiūrėdami į mus, savo tėvus ir motinas (ir tiesiogine, ir dvasine prasme), negali mumyse atpažinti laiminančio ir apkabinančio Jėzaus. Štai taip mes jiems kliudome įžengti į Dangaus Karalystę. O ir patys tada negalime į ją įeiti, nes Dievo Karalystė yra tik tokių mažutėlių, kurie paprastai ir nuolankiai priima visa kaip dovaną: savo motiną ir tėvą, ir sutuoktinį, ir savo vaikus – kaip dovaną, o kartu su ja priima ir dovanų Dovaną – Dievą, begalinę Meilę, begalinį džiaugsmą, džiaugsmą gyventi ir būti, būti Dievo paveikslu ir panašumu, būti Dievo ikona.

2009 spalis

Užtarimo galia

Kai Jėzus vėl atėjo į Kafarnaumą, žmonės išgirdo jį esant namuose, ir taip gausiai susirinko, jog nė prie durų nebeliko vietos. O jis skelbė jiems žodį.
Tada keturi vyrai atnešė paralyžiuotą žmogų. Negalėdami dėl minios prinešti jo prie Jėzaus, jie praplėšė stogą namo, kur jis buvo, ir, padarę skylę, nuleido žemyn neštuvus, ant kurių gulėjo paralyžiuotasis. Išvydęs jų tikėjimą, Jėzus kreipėsi į paralyžiuotąjį: „Sūnau, tau atleidžiamos nuodėmės!"
Tenai sėdėjo keletas Rašto aiškintojų, kurie svarstė savo širdyje: „Kaip jis drįsta taip kalbėti? Juk jis piktžodžiauja! Kas gi gali atleisti nuodėmes, jei ne vienas Dievas?!"
Jėzus, iš karto savo dvasia perpratęs jų mintis, tarė: „Kam taip manote savo širdyje? Kas lengviau – ar pasakyti paralyžiuotam: ‚Tau atleidžiamos nuodėmės', ar liepti: ‚Kelkis, pasiimk neštuvus ir vaikščiok'? Bet, kad žinotumėte Žmogaus Sūnų turint galią atleisti žemėje nuodėmes, – čia jis tarė paralyžiuotajam, – sakau tau: kelkis, imk savo neštuvus ir eik namo!"

Šis atsikėlęs tuojau pasiėmė neštuvus ir visų akyse nuėjo sau. Visi be galo stebėjosi ir šlovino Dievą, sakydami: „Tokių dalykų mes niekad nesame matę."

Mk 2, 1–12

Dievo Sūnus Jėzus Kristus, kurį mums paskelbė apaštalai, kurį mums skelbia jų įpėdiniai vyskupai ir jų pagalbininkai kunigai, yra vien tik „taip". Jame nėra nė šešėlio „ne" (plg. 2 Kor 1, 19): „Kiek tik yra Dievo pažadų, jie jame [Kristuje] yra „taip" (2 Kor 1, 20). Todėl ir mes per Kristų galime ir turime tapti *amen* – „taip" Dievo garbei, Dievo šlovei (2 Kor 1, 20). Patys savaime mes esame arba tik „ne", arba ir „taip", bet ir „ne", arba dar nei „taip", nei „ne", o vien „taip" mes savo jėgomis negalime būti. Mes galime būti „taip", vien tik „taip", tik Jėzuje. Kad tai įvyktų, Dievas mus sutvirtino ir patepė ta pačia Dvasia, kuria pateptas yra ir Jėzus Kristus – Pateptasis – Mesijas (žr. Jn 4, 25): „Jis pažymėjo mus savo Antspaudu ir siuntė į mūsų širdis Dvasios laidą" (plg. 2 Kor 1, 22) – Šventosios Dvasios malonę, kuria ir kurioje mes sakome „taip" Tėvo Valiai. O Šventoji Dvasia užtaria mus neišsakomais atodūsiais, nes mes patys dorai nė nežinome, ko turėtume prašyti maldoje (plg. Rom 8, 26), kad būtume išgelbėti dovanai, kad gyventume nepajudinama viltimi (plg. Žyd 10, 23), kuri kyla iš nepajudinamo Jėzaus „taip" Tėvo Valiai. Tėvas nenori nė vieno pražūties (plg. 2 Pt 3, 9; Jn 3, 16), bet kad visi pažintų Tiesą ir būtų išgelbėti (plg. 1 Tim 2, 4). Kristus ant Kryžiaus sako „taip" šitai Tėvo Valiai. O Šventoji Dvasia neišsakomais atodūsiais kartoja mūsų širdyse „taip" tai Tėvo Valiai, nes Šventoji Dvasia mus užtaria pas Tėvą, kad ir mes užtartume savo brolius, kurie sako arba „ne", arba „taip", bet „ne", arba nei „taip", nei „ne".

Užtarimo, Šventųjų bendravimo, slėpinys mums šiandien atskleidžiamas Evangelijoje: „...išvydęs jų tikėjimą, Jėzus kreipėsi į paralyžiuotąjį: ‚Sūnau, tau atleidžiamos nuodėmės!'" Ne regėdamas paralyžiuotojo tikėjimą, kurio visiškai nesimatė, bet matydamas tų keturių vyrų tikėjimą, Jėzus tarė paralyžiuotajam: „Tavo nuodėmės tau atleidžiamos, tu esi išlaisvinamas iš tamsybės vergovės, iš nevilties, baimės, iš nerimo." Na, ir kokia iš to nauda tam paralyžiuotajam? Jis ir toliau lieka paralyžiuotas! Todėl, kad išsipildytų visų akyse Jėzaus žodis, jog tas sukaustytasis iš tikrųjų išlaisvintas, Jėzus sako: „Kelkis, pasiimk neštuvus ir eik namo!" – „Tas atsikėlęs pasiėmė neštuvus ir visų akyse nuėjo sau." Kaip įdomu: tie keturi vyrai niekaip negalėjo prasibrauti į vidų, tad galiausiai jiems teko tą paralyžiuotąjį nuleisti prie Jėzaus per stogą. Gal manot, kad tas paralyžiuotasis išėjo per stogą?.. Visi staiga pagarbiai atsitraukė ir praleido jį išeiti, nes tai buvo toks nuostabus dalykas! Tačiau jis įvyko *dėl tų keturių vyrų* veiksmingo tikėjimo, tikėjimo, veikiančio meile (plg. Gal 5, 6), dėl kurio jie net ir Petro uošvės namų stogą praplėšė... Juk taip įvyko stebuklas! Nežinia, ar uošvė buvo labai patenkinta, bet Jėzus buvo laimingas, matydamas jų tikėjimą. Jų tikėjimo užtarimu paralyžiuotasis vėl tapo kupinas jėgų, sveikas ir žvalus...

Šitas ligonio paralyžius taip pat reiškia ir didžiosios dalies mūsų tėvynainių, mūsų amžininkų dvasinį paralyžių, kurie nebežino, ar „taip", ar „ne", nes yra paralyžiuoti baimės, nevilties, nerimo, beprasmybės. Jie net nebegali maldauti Dievo Gailestingumo, negali net prašyti sau tikėjimo – jie nieko nebegali. O mes, gyvoji Bažnyčia, nors ir patys būdami šlubi, raiši, vos bepasivelkantys, turime tempti tuos savo brolius ir seseris pas Jėzų savo tikėjimu, savo malda. Ne už rankos tempti, nes taip bus tik dar blogiau, tas paralyžius taps dar didesnis – ne, savo malda turime nešti juos pas Jėzų. Tada, matydamas mūsų tikėjimą, mūsų viltį ne tiek dėl savęs, kiek dėl tų, kuriuos mylime ir kurie mus taip skaudina, Jėzus padarys juos laisvus – nors tikriausiai ne mūsų, bet vien tik dangaus gyventojų akyse, kurie tada pagarbiai prasiskirs, kad leistų tam buvusiam paralyžiuotajam įeiti į tikrąjį pasaulį, į tikrąjį – amžinąjį – gyvenimą... Didis yra šis Šventųjų bendravimo slėpinys, atspindintis paties Dievo veikimą mūsų širdyse! Mes esame pašaukti būti mūsų broliams ir seserims tuo, kuo Šventoji Dvasia yra mums Tėvo atžvilgiu: taip, kaip Šventoji Dvasia užtaria mus Tėvui, taip ir mes turime užtarti savo brolius ir seseris Jėzui, Sūnui, – kad visi būtume viena (plg. Jn 17, 11. 21–23), visi pagirdyti užtariančia Gailestingumo, Gailestingojo Teisingumo Dvasia (plg. 1 Kor 12, 13). Kitaip mūsų tikėjimas yra individualistinis ir egoistiškas, nes rūpinamės tik savo išgelbėjimu, tik kaip išnešti sveiką kailį iš šio karo lauko, kuris yra mūsų pasaulis. Bet jeigu mes kaip sanitarai per karą tempiame neštuvais tuos, kurie mirtinai sužeisti tame kovos lauke, tada iš tikrųjų esame Jėzaus Veidas pasauliui. Tada iš tikrųjų mumyse tikėjimu veikia Dievo Meilė (plg. Gal 5, 6), Dievo Meilės Dvasia – Šventoji Dvasia. Tada iš tikrųjų mus visus veda tikroji ir nenykstanti viltis (plg. 1 Pt 1, 3–4), kuri tuomet mus visus išgelbsti.

Prašykime Mergelės Marijos, sanitarų Sanitarės, besidarbuojančios šiame kovos lauke, kad išmokytų mus drąsos ir vilties, idant nepaisydami aplinkui zvimbiančių priešo strėlių, rūpintumės ne savimi, bet savo broliais ir seserimis. Popiežius Benediktas XVI savo enciklikoje apie Viltį[3], pačioje jos pabaigoje sako: kuo labiau rūpinsimės kitų – savo brolių ir seserų – išgelbėjimu, tuo labiau galėsime būti tikri dėl mūsų pačių išgelbėjimo. Štai mūsų krikščioniškojo tikėjimo paradoksas: kad būtume išgelbėti, turime rūpintis ne savimi, o kitais – iki užsi-

---

[3] *Spe salvi (aut. past.).*

miršimo, iki sąmonės netekimo ir gyvybės praradimo, – kaip daugybė šventųjų, kurie mirė labai jauni, išsekę, užsikrėtę nuo raupsuotuojų ar maru sergančiųjų, kurie rūpinosi savo broliais ir seserimis – ir todėl buvo išgelbėti. Turime taip jais rūpintis, kaip Jėzus rūpinosi mumis – ir buvo paimtas į dangų (žr. Apd 1, 11), į Tėvo dešinę – per Kryžių. Prašykime šios malonės, kad priėmę Jėzaus Kūną ir Kraują, Jo sielą ir dievystę į savo širdis, į savo gyvenimus, mes iš tikrųjų taptume Tuo, ką priimame, – Gelbėtojo rankomis ir kojomis, Jo akimis ir šypsena, Jo Širdimi, atiduota už pasaulio gyvybę.

2009 vasaris

„Tebūna jis tau kaip pagonis ir muitininkas..."

Jėzus pasakė savo mokiniams:
„Jei tavo brolis tau nusikalstų, eik ir bark jį prie keturių akių. Jeigu jis paklausys, tu laimėjai savo brolį. O jei nepaklausytų, pasiimk su savimi dar vieną ar du, kad visa byla remtųsi dviejų ar trijų liudytojų parodymais. Jeigu jis ir jų nepaklausytų, pranešk bendruomenei. O jei nepaklus nė bendruomenei, tebūnie jis tau kaip pagonis ir muitininkas.
Iš tiesų sakau jums: ką tik jūs surišite žemėje, bus surišta ir danguje, ir ką tik atrišite žemėje, bus atrišta ir danguje.
Ir dar sakau jums: jeigu kas iš jūsų susitars žemėje dviese melsti bet kokio dalyko, jiems mano dangiškasis Tėvas jį suteiks. Kur du ar trys susirinkę vardan manęs, ten ir aš esu jų tarpe."

Mt 18, 15–20

Po atostogų, poilsio, vasaros malonumų, vėl grįžtame prie sunkaus darbo, kuris yra broliška meilė. Broliška meilė yra sunkus ir skausmingas darbas – turime gludinti vieni kitus kaip brangakmenius, idant būtume paruošti tarsi juvelyro dirbiniai dangiškajai Jeruzalei papuošti. Bendruomenė yra tokia juvelyro dirbtuvė, kurioje esame gludinami, gludinamės vieni į kitus. Ir būtent apie tai Jėzus šiandien kalba Evangelijoje – apie brolišką pataisymą.

Įdomu stebėti, kaip Dievo žodis palaipsniui mus veda į Meilės gelmę. Pranašo Ezekielio knygoje rašoma, jog privalome pataisyti nusikaltusį – žinoma, kad išgelbėtume jo gyvybę, bet taip pat ir savo, nes jeigu nepataisysime kaltojo, tai kaltasis numirs dėl savo nuodėmės, bet ir iš mūsų bus pareikalauta ataskaitos už jo kraują (žr. Ez 33, 7–9). Vadinasi, jeigu nenorime mirti, neužtenka vien tik rūpintis savo išganymu, turime pasirūpinti ir artimo išganymu – kitaip pražūsime kartu su juo. Matote, kaip svarbu mano paties gyvybei pataisyti tą, kuris klysta?.. Tačiau Evangelijoje Jėzus sako kitaip: „Jei tavo brolis tau nusikalstų, eik ir bark jį prie keturių akių. Jei jis paklausys, tu laimėjai savo brolį." Svarbiausia yra laimėti savo brolį, nes Jėzus kitoje Evangelijos vietoje mums kalba apie tai, kad Meilė yra gyvybę už draugus atiduoti (plg. Jn 15, 13). Ne savo gyvybe rūpintis – „štai aš dabar jį pataisysiu ir taip išgelbėsiu savo gyvybę". Ne, ne – turiu *atiduoti* savo gyvybę už brolį, kad jį išgelbėčiau. Tai ir yra Meilė, apie kurią kalba apaštalas Paulius Laiške romiečiams: „Kas myli, įvykdo Įstatymą. [...] Mylėk savo artimą kaip save patį. [...] Meilė nedaro nieko pikta artimui" (Rom 13, 8–10). Taigi, Meilė – Įstatymo pilnatvė: neužtenka vien tik laikytis Įstatymo raidės ir eiti taisyti brolį – ne, dar reikia tą daryti *su meile*, atiduodant savo gyvybę už jį. Kokiu būdu? Matysime Evangelijoje toliau. Atrodytų, labai keistai Jėzus mus, savo mokinius, moko: pirmiausia apie brolišką pataisymą – „jeigu brolis nusikalstų, eik ir bark jį prie keturių akių"; paskui – „jeigu nepaklauso, pasiimk su savimi dar vieną ar du". Kaip keista: kad visa byla remtųsi dviejų ar trijų liudytojų parodymais, sako, „pasiimk vieną ar du, kad byla remtųsi dviejų ar trijų parodymais". Bet „vienas ar du" – tai ne „du ar trys"! Kaip čia dabar yra, Jėzus apsiskaičiavo?.. Ne, neapsiskaičiavo, nes taip pat ir tas kaltasis yra liudininkas. Štai kodėl susidaro jau „du ar trys", kai pasikviečiame dar „vieną ar du", nes kaltininkas irgi yra to paties Dievo Dvasios veikimo mūsų bendruomenės santykiuose liudytojas. Galiausiai Jėzus pabaigia pamokymu, atrodytų, visai *iš kitos operos*, visai kita tema: „Jeigu kas iš jūsų susitars žemėje dviese melsti bet kokio dalyko, jiems mano dangiškasis Tėvas jį suteiks." Pala, čia juk buvo kalba apie brolišką pataisymą, pabarimą, bet Jėzus kažkodėl pabaigia mokymu apie maldą. O per vidurį – dar keistesnis dalykas: jeigu tavęs nepaklausė tas brolis, jeigu pasiėmei liudytojus – vieną ar du (o išėjo du ar trys...), ir jis vėl nepaklausė, net jei pranešei bendruomenei, Bažnyčiai, ir jis vis tiek nepaklausė – tada „tebūnie jis tau kaip pagonis ir muitininkas". Ką tai reiškia? Ar reiškia, kad yra žmonių, kuriuos galime taip imti ir *nurašyti* iš trečio karto? Na, iš ketvirto... Nebepataisomas – „pagonis ir muitininkas" – tad į šiukšlių dėžę jį, ant kurios užrašyta: „Pragaras"! Ar iš tikrųjų Dievui neberūpi nepataisomas žmogus? Kodėl Jėzus sako: „Tebūnie jis tau kaip muitininkas ir pagonis"? Iš pirmo žvilgsnio, mes žmogiškai taip ir pasakytume: „Aš pataisiau, su liudytojais pataisiau, su Bažnyčia pataisiau – nesitaiso, tad – į pragarą jį!" Bet Jėzus juk atėjo, kaip pranašavo pranašai, kad būtų Šviesa pagonims (žr. Iz 42, 6; Lk 2, 32), Jis atėjo atversti muitininkų, Jis atėjo šaukti į atgailą nusidėjėlių (plg. Mk 2, 15–17; Lk 5, 29–32)... Vadinasi, jeigu mano brolis nepaklauso manęs, nepaklauso dar kelių liudytojų, nepaklauso net ir Bažnyčios, tada man belieka elgtis taip, kaip Jėzus, ant Kryžiaus atidavęs savo gyvybę ne už ką kitą, bet už mus, kilusius iš pagonių, už muitininkus, už tuos, kurie nebepataisomi, kuriuos tiktai paaukota Dievo Sūnaus gyvybė begali pataisyti. Štai ką reiškia „tebūnie jis tau kaip pagonis ir muitininkas": turi dabar eiti ir atgailauti už savo brolį, pasninkauti už jį, aukoti savo išbandymus ir kančias – atiduoti savo gyvybę už jį, nes tai ir yra Meilė. Tik taip išgelbėsi savo gyvybę (plg. Mt 10, 39; Mk 8, 35; Lk 9, 24; Jn 12, 25), mylėdamas jį „iki mirties, iki kryžiaus mirties" (Fil 2, 8), kurioje dalyvaujame per atgailą, kai turime atgailauti už savo brolį taip, tarsi jo nuodėmė būtų mūsų pačių padaryta, nes iš tikrųjų Bažnyčioje taip ir yra: mano brolio nuodėmė yra mano nuodėmė, kaip ir mano brolio nuopelnas yra taip pat ir mano nuopelnas. Štai tikrasis komunizmas, broliai, seserys, – viskas yra bendra Bažnyčioje, net jeigu mums ir atrodytų kitaip! Todėl nėra ko pavydėti ir nėra ko vieniems kitų kaltinti, nes ir nuodėmės, ir nuopelnai yra mūsų visų. Štai kodėl taip brangu ir taip svarbu melstis už tą brolį, kuris nesitaiso, ir ne šiaip melstis, bet parpuolus ant žemės prieš Viešpatį kryžiumi, atiduodant savo gyvybę už jį. Štai ką reiškia: „Tebūnie jis tau kaip muitininkas ar pagonis."

Negana to, Jėzus priduria: „Ką tik jūs surišite žemėje, bus surišta ir danguje, ir ką tik atrišite žemėje, bus atrišta ir danguje." Vadinasi, jeigu viskas mums yra bendra, tuomet, jei mes surišime savo brolį neatleidimu, mes iš tikrųjų surišime ir save pačius, nes juk viskas bendra! Užlaikyta mano brolio nuodėmė įskaitoma ir man, o jeigu atrišime, tada ir patys save išlaisvinsime. Mes tada irgi būsime be nuodėmės. Bet atrišti tėra įmanoma ne šiaip lengva ranka *nurašant* nuodėmę, bet giliai, atiduodant save už tą nuodėmę, kurią, šiaip ar taip, reikia kažkaip atitaisyti. Žinoma, Jėzus atitaisė visas mūsų nuodėmes ant Kryžiaus, tačiau kadangi mes esame Kristaus Kūnas – Bažnyčia, tas atitaisymas turi vykti ir per mus. Jeigu kai kurie to Kūno nariai yra su trūkumais, jeigu nebeveikia taip, kaip turėtų – turime elgtis taip, kaip elgdavosi šventieji, – tarkime, šv. Faustina, kai ji atgailaudavo už nusidėjėlius, ar šv. Tomas Moras, kuriam niekaip nepavyko įtikinti savo žento, kad protestantizmas yra klaidingas kelias. Jis rašo savo atsiminimuose: „Po dviejų mėnesių argumentų ir kalbų, kai pamačiau, kad nieko nebeįmanoma padaryti, ėmiau pasninkauti ir melstis už jį. Dar po dviejų mėnesių mano žentas grįžo į katalikybę..." Štai puikiausia šių Jėzaus žodžių – „tebūnie jis tau kaip muitininkas ir pagonis" – iliustracija. Prisiminkim, kaip šv. Dominykas, iškėlęs rankas į dangų, su ašaromis naktimis maldaudavo už nusidėjėlius, kaip šv. Pranciškus verkė – „kas bus su nusidėjėliais?.."

Štai ir išaiškėja mums ryšys tarp šiandienio Jėzaus pamokymo pradžios ir jo pabaigos: „Iš tiesų sakau jums: jeigu kas iš jūsų susitars žemėje dviese melsti bet kokio dalyko, jiems mano dangiškasis Tėvas jį suteiks, nes kur du ar trys susirinkę vardan manęs, ten ir Aš Esu jų tarpe." Vadinasi, liudytojai, kuriuos mes kvietėme, kai taisėm brolį, nėra kaltintojai – priešingai, jie turės kartu su manimi atiduoti gyvybę už tą nepataisomą brolį – „melstis, melstis, melstis". Žinote, kieno šie žodžiai? Angelo Fatimoje, kuris sakė piemenėliams, kad reikia melstis ir atgailauti.

Labai nebemadinga šiais laikais atgailauti, bet štai tikra istorija iš mūsų bendruomenės. Viename vienuolyne (ne Vilniaus) buvo toks brolis, kuris niekaip neatsikeldavo į ryto maldą – nepaisant brolių priekaištų, nepaisant prioro barimo... Niekas nepadėjo – jis miegodavo sau ramiausiai ir nesikeldavo į tą maldą. Tuomet broliai susitarė pasninkauti už jį – visi kartu, nieko jam nesakę, pasninkavo visą dieną. Ir ką jūs manote? Rytojaus rytą tas brolis atsikėlė į vidinę maldą! Deja, broliai toliau nebepasninkavo. O kas nutiko tuomet, nesakysiu...

Matote, kokia galinga yra malda, koks galingas yra pasninkas ir atgaila. Štai pats geriausias būdas pataisyti mūsų brolį, mūsų seserį, kai visos kitos priemonės jau yra išsemtos. Tai galioja ne tik tikinčiųjų bendruomenei, ne tik vienuolių bendruomenei, bet ir mažajai bendruomenei, kuri yra šeima: sutuoktiniams, tėvams ir vaikams, broliams ir seserims.

Tad nepamirškime, kaip Jėzus mus moko taisyti vieniems kitus, ir pamėginkime. Jeigu mėginsime patys vieni, bus sunku – reikia dviejų ar trijų, kad ir Jėzus būtų mūsų tarpe. Nes Jėzui, kuris yra Dievas, *„nėra negalimų dalykų"* (Lk 1, 37). Ar tikite tai?..

2011 rugsėjis

Gailestingojo Tėvo sūnūs

Pas Jėzų rinkdavosi visokie muitininkai ir nusidėjėliai jo žodžių pasiklausyti. O fariziejai ir Rašto aiškintojai murmėdavo, sakydami: „Šitas priima nusidėjėlius ir su jais valgo."

Tuomet Jėzus pasakė jiems palyginimą: „Kas iš jūsų, turėdamas šimtą avių ir vienai nuklydus, nepalieka dykumoje devyniasdešimt devynių ir neieško pražuvusios, kolei suranda?! Radęs su džiaugsmu dedasi ją ant pečių ir, sugrįžęs namo, susikviečia draugus bei kaimynus, sakydamas: ‚Džiaukitės drauge su manimi! Radau savo pražuvėlę avį!'

Sakau jums, taip ir danguje bus daugiau džiaugsmo dėl vieno atsivertusio nusidėjėlio, negu dėl devyniasdešimt devynių teisiųjų, kuriems nereikia atsiversti.

Arba kuri moteris, turėdama dešimtį drachmų ir vieną pametusi, neužsidega žiburio, nešluoja namų ir rūpestingai neieško, kolei suranda? Radusi ji susivadina drauges bei kaimynes ir sako: ‚Džiaukitės su manimi, nes radau drachmą, kurią buvau pametusi.'

Sakau jums, šitaip džiaugiasi Dievo angelai dėl vieno atsivertusio nusidėjėlio."

Jis kalbėjo toliau: „Vienas žmogus turėjo du sūnus. Kartą jaunesnysis tarė tėvui: ‚Tėve, atiduok man priklausančią palikimo dalį.' Tėvas padalijo sūnums turtą. Netrukus jaunėlis, susiėmęs savo dalį, iškeliavo į tolimą šalį. Ten, palaidai gyvendamas, išeikvojo savo lobį. Kai viską išleido, toje šalyje kilo baisus badas, ir jis pradėjo stokoti. Tada nuėjo pas vieną šalies gyventoją ir stojo jam tarnauti. Tasai jį pasiuntė į laukus kiaulių ganyti. Jis geidė prikimšti pilvą bent ankščių jovalo, kurį ėdė kiaulės, tačiau nė to jam neduodavo.

Tada susimąstė ir tarė: ‚Kiek mano tėvo samdinių apsčiai turi duonos, o aš čia mirštu iš bado! Kelsiuos, eisiu pas tėvą ir sakysiu: ‚Tėve, nusidėjau dangui ir tau. Nesu vertas vadintis tavo sūnumi. Priimk mane bent samdiniu!' Jis pasiryžo ir iškeliavo pas tėvą. Tėvas pažino jį iš tolo, labai susigraudino, pribėgo prie jo, puolė ant kaklo ir pabučiavo.

O sūnus prabilo: ‚Tėve, nusidėjau dangui ir tau. Nebesu vertas vadintis tavo sūnumi...'

Bet tėvas įsakė tarnams: ‚Kuo greičiau atneškite geriausią drabužį ir apvilkite jį. Užmaukite jam ant piršto žiedą, apaukite kojas! Atveskite nupenėtą veršį ir papjaukite! Puotaukime, linksminkimės! Nes šis mano sūnus buvo miręs ir vėl atgijo, buvo pražuvęs ir atsirado.' Ir jie pradėjo linksmintis.

Tuo metu vyresnysis sūnus buvo laukuose. Eidamas namo ir prisiartinęs prie sodybos, išgirdo muziką ir šokius. Jis pasišaukė tarną ir paklausė, kas čia dedasi.

Tas jam atsakė: ‚Sugrįžo tavo brolis, tai tėvas liepė papjauti nupenėtą veršį, kad sulaukė jo sveiko.' Tada šis supyko ir nenorėjo eiti namo. Tėvas išėjęs pradėjo vadinti jį vidun.

O jis atkirto tėvui: ‚Štai jau tiek metų tau tarnauju ir niekad tavo įsakymo neperžengiau, o tu man nė karto nesi davęs nė ožiuko pasilinksminti su draugais. Bet vos tik sugrįžo šitas

tavo sūnus, prarijęs tavąjį turtą su bloga draugija, tu bematant jam papjovei peniukšlį.'
Tėvas atsakė: ‚Vaikeli, tu visuomet su manimi, ir visa, kas mano, yra ir tavo. Bet reikėjo puotauti bei linksmintis, nes tavo brolis buvo miręs ir vėl atgijo, buvo žuvęs ir atsirado!'"

Lk 15, 1–32

Piemuo, šeimininkė, tėvas... Dieviškasis palyginimų *crescendo*, apreiškiantis mums – ir „visokiems muitininkams bei nusidėjėliams", ir „fariziejams bei Rašto aiškintojams" – kas mes iš tikrųjų esame mūsų Dievui, mūsų Kūrėjui ir Valdovui. Vis dėlto ir pražuvusi avelė, ir pradingęs pinigas tėra tik „apšilimas" prieš sūnaus palaidūno istoriją. O ji slepia kur kas daugiau paslapčių, nei atrodytų iš pirmo žvilgsnio. Pažvelkime įdėmiau į šį Dievo vaikų, tad ir mūsų, istorijos veidrodį.

Jaunėlis sūnus iškeliauja į tolimą šalį, kur, palaidai gyvendamas, išeikvoja tėvo palikimą. Kilus baisiam badui, jis stoja tarnauti pas vieną tos šalies gyventoją kiauliaganiu. Rodos, kas čia tokio? Na taip, mūsuose „kas čia tokio", bet žydui, išrinktosios tautos sūnui, tai labai ypatinga situacija. Panašu, kad tam jaunuoliui ne tik tėvo namuose buvo ankšta, bet ir tėvynėje nebuvo kuo kvėpuoti. Tie nesuskaičiuojami Izraelio Dievo įsakymai: to nedaryk, šitaip nesielk, daryk taip, laikykis ano... na, argi ne kalėjimas? Tad kuo toliau nuo jo! „Į tolimą šalį" – pas graikiškuosius pagonis – va ten tai bent laisvė!.. Darai, ką nori, ir niekas tau galvos dėl to neūžia! Tik išsibaigus tėvo gėrybėms, kilus badui, ėmus stokoti, pasirodo ir kita medalio pusė – laisvė išvirsta į baudžiavą, ir ne šiaip į kokį lažą, o į patį Dievo tautos vaiko kilnumą pakertančią vergystę. Žydui ganyti kiaules – kai Makabiejų laikų protėviai net savo gyvybę aukojo, kad tik nesusiterštų kiauliena (žr. 2 Mak 6, 18–19) – ir dar negauti nė jų jovalo! Ima aiškėti dvasinė „tolimosios šalies" ir „vieno jos gyventojo" prasmė – juk puikiai žinom, kas mus gundo „laisve", o susigundžius ne tik išvilioja Tėvo dovanas, apiplėšia, bet ir pavergia, atima Dievo vaiko kilnumą, pažemina labiau už „to krašto" kiaules, kurioms rūpi tik jovalo prisiėsti: ir pats tampi it ta kiaulė, geidi prikimšti pilvą kaip jos, tačiau niekas tau nieko neduos, nes va – nesi kiaulė, nors ir kaip norėtum ja būti, ir tiek... Nori nenori, tenka susimąstyti: „Kiek mano tėvo samdinių apsčiai turi duonos, o aš čia mirštu iš bado!" Tėvo namai nebeatrodo tokie jau ankšti ir dusinantys... Vis dėlto ne tėvo meilė skatina vaikiną sugrįžti, bet gurgiantis pilvas. Nebelaikydamas savęs vertu sūnaus kilnumo, jis tikisi bent samdinio vietos. Juk tėvo samdinių nė iš tolo nepalyginsi su „to krašto gyventojo" baudžiauninkais!

„Tėvas pažino jį iš tolo." Kokia nuostabi ši eilutė, kaip ji subtiliai atskleidžia tėvo meilę... Juk tai reiškia, kad tėvas kasdien vis dairydavosi į kelią, bene pamatys pargrįžtantį pražuvėlį. Ir sulaukė! Nuostabiausia, kad tėvas pirmiausia mato sūnų, mylimąjį – nepaiso nei jo skarmalų, nei basų suskirdusių kojų, nei kiaulių kvapo – pribėga prie jo (taigi, ne sūnus prie tėvo), puola jam ant kaklo (vėl ne sūnus tėvui) ir pabučiuoja (ne sūnus tėvą – kaip iš tikrųjų turėtų būti). Suprantama – juk jaunuolis nebelaiko savęs sūnumi... *Quod licet Jovi, non licet bovi* („Kas tinka Jupiteriui, netinka jaučiui")! Bet tėvui – tai sūnus, kuris buvo miręs ir vėl atgijo, buvo žuvęs ir atsirado. Nesvarbu, kad jis basas ir pusplikis kaip koks vergas – beje, todėl kuo greičiau apvilkite jį geriausiu drabužiu, apaukite kojas, užmaukite ant piršto žiedą – laisvo ir galingo žmogaus tapatybės – paties tėvo tapatybės – ženklą, kuriuo jis naudojasi kaip antspaudu! Koks jis perkaręs, sublogęs, matyt, seniai jau ką burnoje beturėjęs – tad greitai papjaukite jam nupenėtą veršį ir kelkime puotą, linksminkimės, nes juk šitas mano sūnus buvo miręs ir vėl atgijo, buvo žuvęs ir atsirado!

Vyresnėlis, grįždamas po sunkaus visos dienos darbo laukuose, namuose girdi muziką ir šokius. Jaučia jo širdis, kad pargrįžo tas dykaduonis švaistūnas – juk ko tėvas kasdien dairydavosi į kelią?! Dėl visa ko reikia paklausti tarną. Na, žinoma, taip ir yra! Kas jau kas, bet aš šito įvykio tai jau tikrai nešvęsiu – juk kol tas *tavo sūnus* (o ne *mano brolis*) ūžė su kekšėmis ir švaistė tavo pinigus, visi darbai gulė ant mano pečių; negana to, tu man nė karto nesi davęs nė ožiuko sąžiningam ir teisėtam pasilinksminimui su draugais, nors per tiek metų niekada nebuvau peržengęs tavo įsakymo!

Vargšas tėvas... pasirodo, ir vyresnysis nebelaiko savęs sūnumi, o tik išnaudojamu samdiniu, kaip pats sakosi, *tarnaujančiu* vien už duoną... Ir vienam, ir kitam tėvo širdis neprieinama, jos gelmė nepažįstama... Juk „vaikeli, visa, kas mano, yra ir tavo" – ne tik namai, paveldas, darbai, bet ir šitas va tavo brolis, ir mano džiaugsmas dėl jo, mirusio ir vėl atgijusio, žuvusio ir atsiradusio... Kitaip tu iš tiesų tesi tik tarnas, nežinantis, ką veikia jo šeimininkas (plg. Jn 15, 15)!

Taip ima aiškėti ir tėvo namų, ir jo dviejų sūnų dvasinė prasmė: tai į Bažnyčią, Dievo namus, su didžiausiu džiaugsmu priimti, iš piktosios dvasios vergovės ištrukę pagonys – to paties Dievo vaikai, tegu kadaise ir palikę Tėvą, iššvaistę Jo dovanas, todėl žydams šiaip jau pikčiau muitininkų ir nusidėjėlių; ir „užkietėjusi Izraelio tautos dalis" (plg. Rom 11, 25), atsisakanti įeiti Bažnyčion – į Tėvo namus, nors ir su fariziejų bei Rašto aiškintojų uolumu besilaikanti Jo įsakymų... Dievo vaikų istorija: juk Izraelis – mūsų vyresnysis brolis!

Dažnai, girdėdami šį palyginimą, tikriausiai pagalvojame, kas esame mes: ar sūnus palaidūnas, po nuodėmės nedrąsiai grįžtantis į Tėvo namus, ar vyresnysis sūnus, niekad neperžengiantis Tėvo įsakymo? Su kuriuo tapatintis? Dabar jau lyg ir aišku – juk ir mes esame iš pagonių! Tačiau ar tikrai čia galutinė mūsų – Dievo vaikų – tapatybė?..

Mat vis dėlto didžiausia šios istorijos paslaptis – dar vienas, tikrasis Sūnus, vienintelis pažįstantis Tėvo Širdies gelmes, kuriam iš tiesų visa, kas Tėvo, yra ir Jo (plg. Jn 17, 10), kuris visada pasilieka Tėvo namuose (plg. Jn 8, 35), nešioja Tėvo Žiedą-Antspaudą (plg. Jn 6, 27), dirba visus Tėvo darbus (plg. Jn 5, 17 sq.), kuris pagaliau pats yra Duona savo išalkusiam, svetimšalių apgautam ir apiplėštam broliui (plg. Jn 6, 32. 35), nes Jis ir Tėvas yra viena (plg. Jn 10, 30), todėl Tėvo Širdis yra ir Jo Širdis, Tėvo Meilė yra ir Jo Meilė, Tėvo Džiaugsmas yra ir Jo Džiaugsmas, Tėvo Gailestingumas yra ir Jo Gailestingumas (plg. Jn 14, 9). Tas tikrasis Sūnus ir liudija mums, nebelaikantiems savęs sūnumis, o tik – vienaip ar kitaip – tarnais, apie Tėvo Meilę, kad vėl patikėtume savo – Dievo vaikų – kilnumu, kad nebeliktų nei žydo, nei graiko, nei vergo, nei laisvojo, bet kad visi būtume viena vieninteliame Sūnuje (plg. Gal 3, 28), kurį su Tėvu jungia amžinoji Meilė – Šventoji Dvasia. Štai mūsų tikroji tapatybė, štai mums skirtoji dalia ir Viltis, į kurią šiandien vėl esame kviečiami Tėvo namuose. Ar išdrįsime patikėti, ar ateisime prie Tėvo stalo ne kaip prasikaltę arba savimi patenkinti tarnai, o kaip meilės kupini sūnūs?..

2010 rugsėjis

Karaliaus svečiai

Jėzus vėl ėmė kalbėti palyginimais:

„Su dangaus karalyste yra panašiai, kaip su karaliumi, kuris kėlė savo sūnui vestuves. Jis išsiuntė tarnus šaukti pakviestųjų į vestuvių pokylį, bet tie nepanorėjo eiti.

Tuomet jis vėl siuntė kitus tarnus, liepdamas: ‚Sakykite pakviestiesiems: Štai aš surengiau pokylį, mano jaučiai ir penimi veršiai papjauti, ir viskas surengta. Ateikite į vestuves!‘ Tačiau kviečiamieji to nepaisė ir nuėjo kas sau: vienas lauko arti, kitas prekiauti, o kiti tarnus nutvėrę išniekino ir užmušė.

Tuomet karalius užsirūstino ir, nusiuntęs kariuomenę, sunaikino anuos žmogžudžius ir padegė jų miestą. Galop jis tarė tarnams: ‚Vestuvės, tiesa, surengtos, bet pakviestieji nebuvo verti. Todėl eikite į kryžkeles ir, ką tik rasite, kvieskite į vestuves.‘ Tie tarnai išėjo į kelius ir surinko visus, ką tik sutiko, blogus ir gerus. Vestuvių menė buvo pilna sėdinčių už stalo. Karalius atėjo pasižiūrėti svečių ir pamatė ten žmogų, neapsirengusį vestuvių drabužiu. Jis tarė jam: ‚Bičiuli, kaip čia įėjai, neturėdamas vestuvių drabužio?' Tasai tylėjo. Tuomet karalius liepė tarnams: ‚Suriškite jam rankas ir kojas ir išmeskite jį laukan į tamsybes. Ten bus verksmas ir dantų griežimas.' Nes daug pašauktųjų, bet maža išrinktųjų."

Mt 22, 1–14

Dievo žodis mums kalba ne šiaip apie kokią nors šventę ar vaišes, bet apie daug didesnę puotą – vestuves, kurios gyvenime yra švenčių šventė. Tačiau ši vestuvių puota yra kiek makabriška. Karalius (ne bet kas, o karalius!) kviečia į vestuves, tačiau pakviestieji išsivaikšto kas sau: vieni lauko arti, kiti prekiauti, treti pasiuntinius net išniekina ir užmuša. Jau čia kažkas ne taip – juk ne taip priimamas kvietimas į vestuves, ir dar nuo karaliaus. Karalius (kuris visai neatrodo esąs Gailestingumo Karalius), žinoma, užsirūstina ir, nusiuntęs kariuomenę, sunaikina anuos žmogžudžius bei padega jų miestą, tarsi būtų koks ištroškęs kraujo kraugerys. Po to jisai prisikviečia į vestuves visokių valkatų – ir gerų, ir blogų, – iš pakelių, iš gatvių, iš konteinerių, – menė pilna sėdinčių už stalo. Galime įsivaizduoti, kaip ji atrodė! Neseniai buvo rodomas toks geras dokumentinis filmas – „Stebuklų laukas", – apie žmones, kurie dirba ir gyvena sąvartyne. Čia kažkas panašaus, tokia va vestuvių puota – su pajuodusiais, prasmirdusiais žmonėmis, gerais ir blogais. Ir čia dar ne viskas, pasibaisėjimui dar ne pabaiga: karalius eina pasižiūrėti svečių ir pamato žmogų, neapsirengusį vestuvių drabužiu. Atrodytų, iš kur žmogus galėtų gauti vestuvių drabužį, jeigu jis pakviestas iš sąvartyno? Bet kažkaip kiti turėjo, tik jis vienas ne – keista, ar ne? Ir, žiūrėkit, kaip maloniai kreipiasi į jį karalius: „*Bičiuli*, kaip čia įėjai, neturėdamas vestuvių drabužio?" O tas tyli ir nieko nesako, nesikalba su karaliumi! Tuomet tas svečias, kuris buvo per jėgą atvestas į vestuves, surišamas ir išmetamas laukan į tamsybes, „kur bus verksmas ir dantų griežimas".

Na, pripažinkim, – iš tikrųjų makabriška istorija. O mes esame taip įpratę klausytis Dievo žodžio, kad viskas mums ten gerai, viskas ten šventa, gražu – „aleliuja, Viešpats prisikėlė, šlovė Tau, Viešpatie!" Bet, pažiūrėkit, koks tai yra šokiruojantis pasakojimas, ir jis mums kalba apie Dievą, apie mūsų santykį su Dievu! Mūsų santykis su Dievu nėra toks jau kvepiantis, minkštas, rožinis, – „aleliuja, Kristus prisikėlė, šlovė Tau, Viešpatie!" Ne, tas santykis yra baisus, pavojingas, nes jis gali labai blogai baigtis, nors jis gali baigtis ir labai gerai. Šiaip jis turėtų labai gerai baigtis – tam Karalius mus ir kviečia į vestuves, kurios yra, žinoma, Jo Sūnaus, Avinėlio vestuvės. Mes čia ir esame į jas susirinkę, dalyvaujame jose – Eucharistijoje. Ar tai reiškia, kad mums jau pasisekė, nes atėjome į vestuves?.. Juk galime čia, vestuvių menėje, sėdėti, bet savo širdy ir toliau arti lauką, prekiauti arba net šituos pasiuntinius – Dievo žodžius, kuriuos girdėjome, – išniekinti ir užmušti, kitaip sakant, geriausiu atveju visiškai nekreipti dėmesio, ką čia – ne kunigas, o pats Jėzus, Karalius, – kalba man į širdį, o blogiausiu – dar ir *prismaugti* juos. Tada pabaiga bus labai liūdna: kariuomenė sunaikins tuos žmogžudžius ir padegs jų miestą... Nenuostabu, kad tuomet mūsų širdis bus paplūdusi krauju, suspaudimu, neviltimi, kad liepsnos kančia, nes to ir reikėjo tikėtis – na, bent jau anot Jėzaus žodžių... Tačiau net jeigu ir nepasielgėme taip, – čia atėjome ne tik kūnu, bet tikrai ir širdimi, palikome visus savo jaučius ir prekystalius ir tikrai priėmėme Karaliaus pasiuntinį – Jo žodį, ir, nepaisant to, kad iš tiesų esame vargetos, buvome pakviesti į vestuvių menę (įdomiausia, kad visai nepaisant to, geri mes esame ar blogi) – dar nereiškia, kad čia jau *happy end*, laiminga pabaiga. Štai dabar savo širdyje sėdime prie

Viešpaties stalo, Jo vestuvių menėje. Praėjome pirmus išbandymus, viskas gerai, ten pasisekė – jaučiai nenukreipė mūsų dėmesio, prekyba taip pat – ne, tarnus priėmėm gerai, įėjom į menę – jau praėjom nemažą kliūčių ruožą! Beje, net jeigu ir jaučiamės tikrai neverti, skarmaliai, smirdintys savo nuodėmėmis, – Karaliui juk nesvarbu, geri mes ar blogi – Jam svarbu, kad būtume čia. Tačiau dabar pats Karalius ateis pasižiūrėti į mūsų širdies menę ir žiūrės ne į tai, ar mes geri, ar blogi, – Jis žiūrės, ar esame apsirengę vestuvių drabužiu. Bet kur mums jį gauti, tą vestuvių drabužį?! Mums, skarmaliams iš pasaulio sąvartyno, išsitraukusiems iš ten, ką dar radome pakenčiamo?.. Iš kur mums gauti tą vestuvių drabužį? O iš kur kiti gavo? Galbūt ten, prie menės durų, stovėjo Karaliaus tarnai ir dalijo dovanai, nes vestuvės juk dovanai, tereikia apsirengti?..

Bet ar mes paėmėme tą drabužį? Kas tai per drabužis? Apokalipsėje kalbama apie baltą drabužį, išbaltintą Avinėlio Krauju, spindintį Jo šlove (žr. Apr 7, 14). Štai kas yra vestuvių drabužis – Jo malonė, kuri, nepaisant to, geras aš esu ar blogas, mane padaro Karaliaus vestuvių svečiu, dalyviu. Šį drabužį Karalius man dovanoja – „imk ir vilkis!" Dovanoja pačioje puotos pradžioje, kai krito lašai, primenantys Krikštą, primenantys Avinėlio Kraują, kuriuo mes esame išbaltinami. Kaip mes priėmėme šį drabužį? Ar tikėjome, kad kažkoks, atrodytų, banalus pasitaškymas vandeniu iš tikrųjų išbaltina mano nuodėmes Avinėlio Krauju? apvelka mane vestuvių puotai?.. Jeigu tikėjome, tada tas tikėjimas bus perkeitęs mūsų širdį – tikėjimas Viešpaties malone, duodama dovanai – tai ir yra *apsivilkti vestuvių drabužį*. O jeigu netikėjome – tuomet ir liekam tokie – negerbiantys nei savęs, nei Karaliaus, įlindę kaip kiaulės ten, kur joms nepridera (juk pasakyta: „Nemėtykite perlų kiaulėms!" – žr. Mt 7, 6). Aišku, kiaulė irgi gali tapti žmogumi (juk „Dievui nėra negalimų dalykų" – žr. Lk 1, 37) – ir netgi apvilktu vestuvių drabužiu, bet tam reikia tikėjimo Karaliaus malone... Kitaip ir liekam tik kiaulės, nevertos brangaus perlo (plg. Mt 13, 46), kurioms vieta ne Karaliaus vestuvių menėje, o šio pasaulio purvyne. Tada nenuostabu, kad po šv. Mišių išeisime laukan į tamsybes, kur vėl ir vėl bus verksmas ir dantų griežimas – kaip praeitą savaitę ir užpraeitą, – ir nebūsime susitikę Jaunikio... Nes nebūsime iš tikrųjų dalyvavę vestuvėse.

Vis dėlto dar nevėlu, Karalius dar neatėjo. Dar yra laiko apsivilkti tą vestuvinį drabužį, reikia tik širdyje apgailėti savo nuodėmes, išpažinti Viešpatį, kuris už mane – blogą ar gerą, visai nesvarbu – numirė, kad savo Krauju nuplautų mane ir padarytų vertą dalyvauti Jo vestuvėse. O nuostabiausia, kad tose vestuvėse mes pamatysime, jog Avinėlio Nuotaka yra ne kas kita, o mes patys...

2011 spalis

Alyva širdies žibintui

Jėzus pasakė savo mokiniams tokį palyginimą:
„Su dangaus karalyste bus panašiai, kaip su dešimtimi mergaičių, kurios, pasiėmusios žibintus, išėjo pasitikti jaunikio. Penkios iš jų buvo paikos ir penkios protingos. Taigi paikosios pasiėmė žibintus, o nepasiėmė alyvos. Protingosios kartu su žibintais pasiėmė induose ir alyvos. Jaunikiui vėluojant, visos ėmė snausti ir užmigo.
Vidurnaktį pasigirdo balsai: „Štai jaunikis! Išeikite pasitikti!" Tuomet visos mergaitės atsikėlė ir taisėsi žibintus. Paikosios sakė protingosioms: ‚Duokite mums alyvos, nes mūsų žibintai gęsta.' Protingosios atsakė: ‚Kad kartais nepristigtų ir mums, ir jums, verčiau nueikite pas prekiautojus ir nusipirkite.'
Joms beeinant pirkti, atėjo jaunikis. Kurios buvo pasiruošusios, įėjo kartu su juo į vestuves, ir durys buvo uždarytos. Vėliau atėjo ir anos mergaitės ir ėmė prašytis: ‚Gerbiamasis, atidaryk, čia mes!' O jis atsakė: ‚Iš tiesų sakau jums: aš jūsų nepažįstu!'
Taigi budėkite, nes nežinote nei dienos, nei valandos."

Mt 25, 1–13

„Budėkite, nes nežinote nei dienos, nei valandos", – ragina Viešpats. O tos dešimt mergaičių – ir paikos, ir protingos – ar jos budėjo? Jos visos užmigo! Vadinasi, „budėti" nereiškia pirmiausia „nemiegoti". „Budėti" reiškia „būti pasirengusiam", kai pasigirsta balsas: „Štai Jaunikis! Išeikite pasitikti!" Jis pasigirsta vidurnaktį, kai tamsu, nors į akį durk – tamsybių valandą. O toji valanda kiekvienam iš mūsų yra mūsų mirties valanda. Va, tada ir pasigirsta balsas: „Štai Jaunikis! Išeikite pasitikti!" Tuomet visos atsibunda, ir paikos, ir protingos, bet ne visos gali pasišviesti kelią pas Jaunikį, nors visos turi žibintus. Žibintams reikia alyvos – be alyvos nėra šviesos, be alyvos negali pamatyti Jaunikio, negali rasti kelio pas Jį, kad galėtum Jį pasitikti ateinantį. Esi tamsybėse. Kad būtų šviesos, reikia alyvos...

Kas toji alyva? Šventajame Rašte *alyva*, *aliejus* yra Šventosios Dvasios, dieviškosios Meilės, ne žmogiškosios meilės, simbolis. Ir tiktai kai mūsų širdžių žibintai yra kupini šios Dievo Meilės – Šventosios Dvasios – alyvos, tik tada mūsų gyvenimas gali nušvisti taip, kad atpažintume Jaunikį. Jeigu ten nėra tos dieviškosios Meilės, jeigu mūsų širdyse negyvena Šventoji Dvasia, mes nieko neįžiūrėsime ir nieko nepamatysime, nerasime kelio pas Jaunikį...

Dabar, žiūrėkit, kokios jos egoistės, tos protingosios – kai paikosios prašė: „Duokite mums alyvos, nes mūsų žibintai gęsta", ką jos atsakė? – „Eikit ir nusipirkite! Neduosime, nes ir mums gali pristigti." Kodėl? Kodėl jos tokios protingos, bet negailestingos? Ar protingumas visada reiškia beširdiškumą?..

Matote, su meile yra panašiai kaip su valgiu, kaip su miegu. Mes negalime už kitą pavalgyti, už kitą pamiegoti. Galime, aišku, už du pavalgyti ir už du pamiegoti, bet tai nieko nepadės tam, kuris išalkęs ar griūva iš nuovargio, ir kuriam reikia pailsėti, pamiegoti. Taip ir su meile – mes negalime už kitą mylėti...

Kiekvieno širdyje turi būti pakankamai šitokios alyvos, kad ji galėtų nušviesti kelią pas Jaunikį. Štai todėl protingosios labai protingai pataria: „Eikite pas prekiautojus nusipirkti." Kas tie prekiautojai? Iš kur mes galime gauti tos alyvos, kurios, be jokios abejonės, protingosios įsigijo laiku – prieš vidurnaktį, prieš mirties valandą? Tas prekiautojas – tai artimas, kuriam tarnaujant, dėl kurio pasiaukojant, kurį mylint mūsų širdis palaipsniui ir prisipildo vestuvėms reikalingos alyvos – Šventosios Dvasios artumo, Jos šviesos ir šilumos.

Nepasakyta, rado jos ten tų prekiautojų vidurnaktį, ar ne, bet jos grįžo. Tikriausiai neberado, nes jau ne laikas paskutinę mūsų gyvenimo valandą ieškoti, kaip patarnauti artimui... Šiaip ar taip, kai jos grįžo, durys jau buvo uždarytos. Ir nors jos beldėsi ir prašėsi: „Čia – mes", Jėzus atsakė: „Aš jūsų nepažįstu." Kodėl? Matyt, tai yra dar viena užuomina, kad jos negavo alyvos, – kas gi vidurnaktį prekiauja? Gal kokios „Maximos" ir prekiauja, bet tais laikais prekiautojai naktimis tikrai neprekiaudavo. O idant atpažintų savo atvaizdą mumyse, reikia, kad Jėzus įžvelgtų mūsų širdyse tą pačią Šventąją Dvasią, kuri gyvena Jo Širdyje. Tiktai tada mūsų širdis bus atvira Jam, o Jo Švenčiausioji Širdis – mums, tiktai tada galėsime įžengti į naująjį Dievo rojų – į Avinėlio vestuves (žr. Apr 19, 7), kurios yra tyriausios ir gražiausios Meilės vestuvės, niekada nesibaigiančios vestuvės. Tik širdimis, kupinomis šitos dieviškosios Meilės alyvos, degančios ir apšviečiančios mūsų gyvenimą – mūsų kelią pas Jaunikį, galėsime ten patekti. Kitaip mes liksime tamsybėse...

Štai kodėl ir adoracija, kurios nuostabią galimybę čia turime, mums padeda parengti savo širdis susitikti artimą ir tarnauti jam taip, kaip tarnautume pačiam Viešpačiui Kristui. Adoracija yra tas dieviškasis veidrodis, į kurį žvelgdami patys savyje atpažįstame Dievo paveikslą ir panašumą (plg. Pr 1, 26), tad galime mylėti save taip, kaip Dievas nori, kad save mylėtume, o mylėdami save, galime mylėti ir artimą kaip save pačius (plg. Mt 22, 39), mylėti taip, kaip Viešpats mums įsakė: „Mylėkite vieni kitus, kaip Aš jus mylėjau" (plg. Jn 13, 34; 15, 12). O kaip Jis mus mylėjo? Kaip Dievo paveikslą ir panašumą... Tik kasdien arba kas savaitę – kaip kam papuola – per adoraciją *treniruodami* savo širdį įžvelgti Jėzų savyje ir kituose mes iš tikrųjų galėsime ne tik tą adoracijos valandą ar pusvalandį, bet ir per visą dieną, ar net, prireikus, ir naktį atsikėlę įžvelgti, atpažinti Jaunikį, Jam patarnauti – įsigyti alyvos, – kad kai ateis ta nakties valanda ir išgirsime balsą: „Štai Jaunikis!" – galėtume su degančiais žibintais eiti Jo pasitikti ir būti įvesti į Avinėlio vestuvių puotą.

Ši Eucharistija yra ne kas kita, o provaizdis, pranašystė ir *avansas* to susitikimo su Mylimuoju, kurio kiekvieno iš mūsų širdis ilgisi ir trokšta. Todėl dabar atverkime savo širdis vieni kitiems, o labiausiai – Viešpačiui, kad pripildę jas dieviškosios alyvos galėtume eiti ir šviesti paties Viešpaties Šviesa ir šildyti Jo Meilės šiluma.

2019 rugpjūtis

Saugokitės!

Jėzus pasakė savo mokiniams:

„Saugokitės, kad jūsų širdis nebūtų apsunkusi nuo gardžių valgių, svaigalų ir kasdieninių rūpesčių, kad toji diena neužkluptų jūsų netikėtai. It žabangai ji užgrius visus žemės gyventojus. Todėl visą laiką budėkite ir melskitės, kad sugebėtumėte išvengti visų būsimųjų nelaimių ir kaip reikia stoti Žmogaus Sūnaus akivaizdoje."

Lk 21, 34–36

Dievas mus sukūrė taip, kad mes negalime būti visiškai nepriklausomi, visiškai autonomiški, savarankiški. Mes esame sukurti Kitam. Jau paprasčiausiai žmogiškai žvelgiant, mes esame sukurti kitam žmogui, esame sukurti meilei – kad mylėtume ir būtume mylimi. Tik taip mūsų prigimtis, mūsų dvasia ir mūsų kūnas gali išsiskleisti, patirti galutinę būseną, kuriai esame sukurti ir kurią vadiname laime.

Tačiau po gimtosios nuodėmės katastrofos, po nuopuolio (žr. Pr 3, 1–24) toji priklausomybė, teikianti mums laimę, buvo pakeista daugybės kitokių priklausomybių, kurios mus daro nelaimingais – priklausomybės nuo gardžių valgių (juos, tiesą sakant, galima būtų versti ir žodžiu „paleistuvavimas"), priklausomybės nuo svaigalų ir, kas įdomiausia (mes dažnai net nepagalvojame apie tai), – priklausomybės nuo kasdienių rūpesčių. Tai irgi yra priklausomybė, kuri mus įkalina, padaro nepagydomais chroniškais ligoniais.

Visada kas nors gali mus padaryti priklausomais – koks nors stabas, dėl kurio prarandame *tikrąją* priklausomybę, mus padarančią iš tikrųjų laisvus. Atrodytų, keista, kad priklausomybė padaro mus laisvus. Taip, yra tokia priklausomybė, nes laisvė mums yra duota ne dėl savęs pačios, o tam, kad rinktumės tikrąjį, aukščiausiąjį Gėrį. Kai jį pasirenkame, mūsų laisvė pasiekia savo tikslą, dėl kurio ji buvo sukurta, ir tada būtent šia labai tikslia prasme mes tampame tobulai laisvi – kaip pats Dievas, kuris yra pati Laisvė. Tačiau Dievas negali daryti blogio. Vadinasi, Jis nelaisvas? Anaiptol – Jo laisvė yra tobula, nes ji skirta gėriui. Tokią pat laisvę Jis dovanoja ir mums. Bet jeigu siekiame ne gėrio, o tik to, kas *atrodo* esąs gėris, tada mes patenkame į nelaisvę.

Laisvę būtų galima palyginti su... plaktuku: juo mes galime sukalti stalą, altorių, lesyklėlę, inkilą, bet juo galime ir žmogų užmušti. Tačiau plaktukas sukurtas juk ne žmogui užmušti! Vadinasi, kai su plaktuku padarome ką nors bloga, mes akivaizdžiai pasiekiame visai ne to tikslo, kuriam tas plaktukas buvo sukurtas. Taip ir su mūsų laisve – jeigu mūsų laisvė yra įkalinama to, kas mums *atrodo* gera – gardžių valgių, gražaus kūno, svaigalų (*visokių* svaigalų), kasdienių rūpesčių (tai paskutinis, pats klastingiausias narkotikas), kas tada atsitinka? Tada mūsų dvasia tampa įkalinta kūne, nes – atkreipkite dėmesį – visos tos priklausomybės, jos mus prisiriša *per kūną*: gardūs valgiai, paleistuvystė, svaigalai, taip pat ir kasdieniai rūpesčiai. Juk mes rūpinamės, ką valgysime ir kuo apsirengsime. Rūpinamės, kaip saugiai padėti indėlius į tokį banką, kuris nesubankrutuotų. Rūpinamės, kaip gerai išauklėti vaikus, kad jie *neprisidirbtų*. Rūpinamės, kaip patekti pas gerą gydytoją; kad mūsų tėvai per anksti nenumirtų, ir t. t., ir pan. Mes rūpinamės ir rūpinamės, ir rūpinamės. O kitą kartą įpuolame ir į dar didesnę nuodėmę, kuri taip pat yra kūno nuodėmė, sako apaštalas, – burtininkavimą (žr. Gal 5, 19–21), – kai nepajėgdami išspręsti savo rūpesčių, kreipiamės į aukštesnes jėgas, norėdami jas palenkti, kad jos mums juos išspręstų. Tokiu būdu mes siekiame būti nepriklausomi, norime būti laisvi, bet iš tikrųjų vis labiau ir labiau skęstame į priklausomybės pelkę. O kai tampame priklausomi, vienaip ar kitaip, nuo visų šitų įvairiopų stabų, papuolame į antikristo karalystės vergovę, tos karalystės, apie kurią girdėjome skaitinyje iš pranašo Danieliaus knygos (žr. Dan 7, 15–27). Kaip girdėjome, toji karalystė yra įvairialypė, ji reiškiasi įvairiausiomis formomis, kaip ir pats blogis.

Blogis, klaida, nuodėmė reiškiasi įvairiausiomis formomis, kad tiktai mus apgautų, kad tiktai mus užkabintų, kad tiktai mus pririštų ir padarytų priklausomais, kad tik mus pavergtų. Taigi, šita karalystė, kai tampame jos vergais, mus atskiria nuo tikrosios Karalystės, kuriai mes esame sukurti – nuo Dievo Karalystės, tikrosios Laisvės, Ramybės, Meilės ir Šviesos Karalystės. O kai esame susirūpinę visokiais dalykais, tampame šito pasaulio karalystės piliečiais ir visiškai nebesitikime, kad mūsų gyvenime galėtų nutikti kas nors nepaprastai ypatingo. Mes tik kasdien laukiame ko nors blogesnio. O visi laikraščiai, radijas ir televizija (na, ne visi, aš čia kiek perdedu) tik ir skelbia, kaip viskas yra blogai ir bus tik blogiau ir blogiau – visokios krizės, asteroidai, klimato atšilimas ir žmonių perteklius, ir maisto trūkumas, o su kiekviena diena – vis didesnė baimė ir netikrumas. Tokia yra antikristo karalystė.

Tad toji diena, kai Žmogaus Sūnus sugrįš dangaus debesyse (plg. Mt 24, 30), užgrius visus žemės gyventojus it žabangai; jie bus pagauti, kaip paukštininkas pagauna paukščius savo žabangais (plg. Ps 123(124), 7) – visiškai netikėtai. Mat žabangai yra labai netikėtas dalykas: pabandykite įkišti pirštą į pelėkautus, matysite, kaip netikėtai gausite per nagus... Melo Gibsono filme „Apokalipsė" labai puikiai parodyta, kaip netikėtai žabangai užmuša žvėrį arba priešą.

Idant *toji diena* neužkluptų mūsų kaip šitie žabangai, mes turime „visą laiką", sako Jėzus, „budėti ir melstis, kad sugebėtume išvengti visų būsimųjų nelaimių ir kaip reikia stoti Žmogaus Sūnaus akivaizdoje". Kokios tos būsimosios nelaimės? Girdėjome visą šią savaitę Evangelijoje: žemės drebėjimai, badmečiai, visokie kataklizmai, kai bus sukrėstos dangaus galybės (plg. Lk 21, 10. 25–26). Tačiau jie pirmiausia reiškia mūsų vidinio gyvenimo sukrėtimą, mūsų vidinio dangaus, mūsų sielos galybių sukrėtimą, nors taip pat ir išorinio, kūniško mūsų gyvenimo, nes jiedu labai susiję.

Kad taip neįvyktų, turime visą laiką budėti ir melstis – tik tokiu būdu galėsime išvengti visų šitų sukrėtimų, tik taip mūsų širdyje viešpataus ramybė, tokia, kokios pasaulis duoti negali, kokią gali duoti tik Viešpats (plg. Jn 14, 27). „Budėti" nereiškia „nemiegoti" fizine prasme – tai reiškia atgręžti savo širdį į Viešpatį, atgręžti savo širdies anteną į Šaltinį, iš kurio sklinda Geroji Žinia – Ramybės, Paguodos ir Vilties žinia. „Budėti" reiškia „būti atsigręžus" į Tą, nuo kurio vienintelio iš tikrųjų esame priklausomi, nuo kurio priklausydami mes iš tiesų esame laisvi.

Kas kartą, kai dalyvaujame Eucharistijoje, turime nepaprastą progą „rengtis kaip reikia stoti Žmogaus Sūnaus akivaizdoje", nes juk Eucharistija yra ne kas kita, o Jo Atėjimas į mūsų širdis, į mūsų gyvenimą, ir netgi kūnišku būdu – juk Jį galime pajusti savo kūne, kai priimame Šv. Komuniją. Tai mūsų pasirengimas, repeticija, treniruotė *tai dienai*, kad ji neužkluptų mūsų it žabangai. Tokiu būdu išsitreniravę per Eucharistiją priimti Ramybę, nepaisydami visų tų gardžių valgių, svaigalų ir kasdienių rūpesčių, kurie mus supa, ir *tą dieną* galėsime priimti tai, kas mums teikia Ramybę, pajėgsime atpažinti Tą, kuris mums ją atneša (plg. Lk 19, 42). Tada antikristo agentai – stabai ir priklausomybės – nebegalės mūsų supančioti, nes mūsų širdis, ištroškusi vienintelio Gyvojo Dievo, jau dabar priklausys vien tik Jam – ir dabar, ir *tą dieną*, ir per amžius.

2011 lapkritis

III Jei grūdas nekris į žemę...

Tyro džiaugsmo šaltinėlis

Jėzus bylojo savo mokiniams:
„Venkite daryti savo geruosius darbus žmonių akyse, kad būtumėte jų matomi, kitaip negausite užmokesčio iš savo Tėvo danguje.
Todėl, dalydamas išmaldą, netrimituok sinagogose ir gatvėse, kaip daro veidmainiai, kad būtų žmonių giriami. Iš tiesų sakau jums: jie jau atsiėmė užmokestį. Kai tu daliji išmaldą, tenežino tavo kairė, ką daro dešinė, kad tavo išmalda liktų slaptoje, o tavo Tėvas, regintis slaptoje, tau atlygins.
Kai meldžiatės, nebūkite tokie, kaip veidmainiai, kurie mėgsta melstis, stovėdami sinagogose ir aikštėse, kad būtų žmonių matomi. Iš tiesų sakau jums: jie jau atsiėmė užmokestį. Kai tu panorėsi melstis, eik į savo kambarėlį ir užsirakinęs melskis savo Tėvui, esančiam ten, slaptoje, o tavo Tėvas, regintis slaptoje, tau atlygins.
Kai pasninkaujate, nebūkite paniurę, kaip veidmainiai: jie perkreipia veidus, kad žmonės matytų juos pasninkaujant. Iš

tiesų sakau jums, jie jau atsiėmė užmokestį. O tu pasninkaudamas pasitepk aliejumi galvą ir nusiprausk veidą, kad ne žmonėms rodytumeis pasninkaująs, bet savo Tėvui, kuris yra slaptoje. Ir tavo Tėvas, regintis slaptoje, tau atlygins."

Mt 6, 1–6. 16–18

Ir vėl Gavėnia – tas šaltas, niūrus, sunkus ir liūdnas laikas. Greičiausiai ne vienas pagalvojo – greičiau ji baigtųsi, nors dar ir neprasidėjo... Tačiau iš tikrųjų Gavėnia yra džiaugsmo laikas. Žinoma, ne tokio džiaugsmo, kaip per Velykas ar Kalėdas, ir ne tokio, kaip per Adventą, kurio džiaugsmas paslėptas. Gavėnia yra laikas, kai laukiama. Gavėnia – tai džiaugsmo, kylančio iš laukimo, laikas. Tas džiaugsmas yra labai slaptas ir labai gilus. Kad iki jo prisikastum, reikia, kaip Mergelė Marija sakė šventajai Bernadetai Liurde, „kasti žemę". Būtent – „kasti žemę". Tai nemalonu, purvina, šalta, bet reikia kasti tol, kol ištrykš tyro džiaugsmo šaltinėlis. Gavėnios džiaugsmas yra paties Viešpaties džiaugsmas ant Kryžiaus ir Mergelės, Jo Motinos, džiaugsmas po Kryžiumi. Džiaugsmas nepaisant skausmo, baisaus liūdesio ir kančios – džiaugsmas vykdyti Tėvo Valią, džiaugsmas gelbėti žmones amžinajam gyvenimui. Štai tokio džiaugsmo yra kupina Gavėnia. Bet iki šio tyro džiaugsmo šaltinėlio reikia kastis pro liūdesio, niūrumo, apsimarinimo, šalčio ir nejaukumo žemes. Nuo to, ar šis tyras šaltinėlis bus atrastas, priklausys Velykų džiaugsmo tikrumas. Šventojoje Evangelijoje Jėzus moko, kaip turi būti ieškoma šio slapto, švento ir tyro džiaugsmo.

Pirmiausia – išmalda. Šiais metais Šventasis Tėvas ypač kviečia Dievo tautą, Viešpaties kaimenę, dalyti išmaldą, kur svarbiausia yra ne kiekybė, bet kokybė. Taigi, svarbu – ne *kiek* aš duosiu, bet *kaip* duosiu. Šventasis Raštas sako, kad Dievas myli linksmą davėją (žr. 2 Kor 9, 7) ir žada atlygį net už paprastą vandens taurę, paduotą mokiniui vien todėl, kad jis yra Jėzaus (žr. Mt 10, 42), ir įvertina našlės pinigėlį labiau už turtuolių aukas (žr. Lk 21, 2–3); be to, sakoma, kad daugiau džiaugsmo yra duoti negu imti (žr. Apd 20, 35). Štai į kokį Gavėnios džiaugsmą kviečiama – į džiaugsmą duoti neskaičiuojant, atgausiu ar ne; į džiaugsmą duoti taip, kad dešinė nežinotų, ką daro kairė; į džiaugsmą duoti ir nesigailėti (plg. Lk 6, 38); į džiaugsmą duoti tiek, kiek esu nutaręs savo širdyje (žr. 2 Kor 9, 7): duoti savo laiką, šypseną, kantrybę, žvilgsnį, žmogišką šilumą, duoti savo broliui savo darbo vaisius dovanai, vien iš grynos meilės. Duoti taip, kad niekas to nežinotų, išskyrus Tėvą, regintį slaptoje.

Kitas šio džiaugsmo aspektas yra malda, kurioje susitinkama su Tėvu mūsų širdyje. Ne bažnyčioje ir ne šv. Mišiose (nes tai yra tik išorinė forma), bet pirmiausia mūsų širdyje. Nes tik tada bažnyčia, kuri yra Tėvo namai, tampa gyva, o šventosios Mišios tampa Meilės susitikimu – pasimatymu su Mylimuoju, gyvu ryšiu su Juo, malda slaptoje, mažame kambarėlyje. Tik tada, tame Aukštutiniame kambaryje, kuris yra mūsų širdis, meldžiantis vien tik Tėvui, niekieno, net ir angelų, nematomam, patiriamas tikras ir tyras Gavėnios džiaugsmas, kartu su Jėzumi ant Kryžiaus užtariant visą pasaulį, verkiant dėl savo ir kitų nuodėmių taip, lyg jos būtų mūsų pačių nuodėmės. Būtent ašaros ir nuplauna tą žemės sluoksnį, kuris slepia tyrąjį džiaugsmo šaltinėlį.

Dar kitas gilaus *kristiško* džiaugsmo slėpinys yra pasninkas – pasninkas kaip slėpinys, nes pasninkaujant dalyvaujama Jėzaus Meilės Kančioje už brolius ant Kryžiaus. O jeigu kažkam pasninkas, malda ir išmalda tampa nepakeliama našta, tai yra ženklas, kad Gavėnia būtent jam ir yra skirta. Džiaugsmas, su kuriuo dalijama išmalda, džiaugsmas, su kuriuo meldžiamasi ir pasninkaujama, neateina savaime, nes niekas negimė su įgimtu džiaugsmu pasninkauti, melstis ir dalyti išmaldą, kadangi tai yra dorybės – religinės dorybės, kurias reikia išsiugdyti. O išsiugdoma kartojant. Nekartojant dorybių veiksmų dorybių išsiugdyti neįmanoma. Niekas, paėmęs į rankas smuiką, iš karto nepradėjo griežti nuostabių Vivaldžio melodijų. Niekas, paėmęs į rankas teptuką, iš karto nenutapė Monos Lizos-Džokondos. Visus nuostabius šedevrus žmogus galėjo sukurti tik todėl, kad negailėjo laiko ir pastangų. Taip yra ir su religinėmis dorybėmis, išreiškiančiomis tikėjimą: reikia daug pastangų, kol išmokstama lengvai su džiaugsmu dalyti išmaldą, atimti iš savęs tai, kas atrodo reikalinga ir net būtina pačiam. Reikia daug pastangų ir treniruočių, „išlieti daug prakaito", kol ateina gebėjimas lengvai ir su džiaugsmu pasninkauti, iš savo kūno atimti tai, ko jis reikalauja, kad taip apmarintas netrukdytų sielai melstis. Reikia daug kantrybės ir ištikimybės, kasdienės ištikimybės, kol malda iš sunkios rutinos tampa lengvu ir tyru susitikimo su Viešpačiu džiaugsmu.

Štai į kokį Gavėnios džiaugsmą kviečia Evangelija – į treniruočių laiką, kai bus mokomasi dalyti išmaldą, pasninkauti ir melstis. Jei šis kvietimas yra priimamas, tada per Didįjį Tridienį, Velykų išvakarėse, atlyginama laisve – gebėjimu laisvai mylėti, laisvai dalyti, laisvai atimti iš savęs ir laisvai kaip Jėzus kalbėtis su Tėvu. O kad per šias keturiasdešimt dienų liktume ištikimi, Jėzus dovanoja dar vieną paslaptį. Toji paslaptis – šias visas paslaptis saugoti slaptoje: „Kai tu daliji išmaldą, tenežino tavo kairė, ką daro dešinė, kad tavo išmalda liktų slaptoje"; „kai tu panorėsi melstis, eik į savo kambarėlį ir užsirakinęs melskis savo Tėvui, esančiam slaptoje"; „o tu pasninkaudamas pasitepk [aliejumi] galvą ir nusipragusk veidą, kad ne žmonėms rodytumeisi pasninkaująs, bet savo Tėvui, kuris yra slaptoje."

Taigi, ištvermingai ir ištikimai dalijant išmaldą, pasninkaujant ir meldžiantis į tai reikia žiūrėti kaip į paslaptį, slaptą susitarimą su Dievu, mūsų Tėvu, ir tą paslaptį saugoti. Paslaptį, kurios Ieva, mūsų pirmoji motina, neišsaugojo ir todėl jai pritrūko jėgų bei stiprybės atsilaikyti ir likti ištikimai. Tą paslaptį reikėtų saugoti taip, kaip tai darė Mergelė Marija – savojo Dievo paslaptį Ji saugojo net nuo Juozapo, savo mylimojo.

Tai yra paslaptis, per Gavėnią kiekvienam teikianti ištvermės ir tyro džiaugsmo, paslaptis tos paslapties, kurią privalu saugoti savo širdyje taip, kad mūsų kairė nežinotų, ką daro dešinė, o juo labiau – mūsų brolis. Kad viso to niekas nematytų, tik Tėvas, regintis slaptoje. Ši paslaptis yra mūsų stiprybės ir ištvermės paslaptis, kad kartu su Jėzumi, keturiasdešimčiai dienų išėjusiu į dykumą (žr. Mk 1, 12; Mt 4, 1–2; Lk 4, 1–2), galėtume atsilaikyti prieš didžiausias – ir mažiausias! – pagundas, kurių yra pilnas mūsų pasaulis.

2008 vasaris (Pelenų diena)

Dykumoje

Dvasia Jėzų paakino nukeliauti į dykumą. Jis praleido dykumoje keturiasdešimt dienų ir buvo šėtono gundomas, buvojo kartu su žvėrimis, ir angelai jam tarnavo.
Kai Jonas buvo suimtas, Jėzus sugrįžo į Galilėją ir ėmė skelbti gerąją Dievo naujieną: „Atėjo metas, prisiartino Dievo karalystė. Atsiverskite ir tikėkite Evangelija!"

Mk 1, 12–15

„Dvasia paakino Jėzų nukeliauti į dykumą."
Šie žodžiai kalba apie tai, ką mes dabar išgyvename. Nes Jėzus – tai mes: mes esame Bažnyčia, Kristaus Kūnas. Ir Dvasia, to Kūno siela, mus akina keliauti į Gavėnios dykumą. Dykuma – tai toks Dievo išradimas, kuriame gali patirti ir dangų, ir pragarą. Ji yra ypatinga susitikimo su Dievu vieta – vienuma ir tyla, kur niekas nedrumsčia tavo juslių, jausmų, minčių, kur gali būti tik su Vieninteliu Būtinuoju, kur suvoki, kaip labai esi priklausomas tik nuo Jo. Tai garbinimo slėpinys, kuris yra ne kas kita, kaip mūsų santykio su Kūrėju pripažinimas ir džiaugsmin-

gas pasirinkimas: mes džiaugiamės priklausydami Jam, kaip mylimoji džiaugiasi priklausydama mylimajam. Todėl pranašo lūpomis Viešpats ir sako: „Išsivesiu tave į dykumą ir kalbėsiu į tavo širdį" (plg. Oz 2, 16). Kai Viešpats išsiveda mus į dykumą ir kalba į mūsų širdį, tai jau išankstinis dangaus ragavimas ir nuostabiausia dykumos dovana, apie kurią evangelistai tyli. Jėzui tai – Tėvo patirtis Šventosios Dvasios Meilės bendrystėje, intymi Tėvo ir Sūnaus paslaptis, paslėpta nuo mūsų akių. Nė žodžio apie tai nepasakyta Evangelijoje. Galime tik nujausti, kas galėjo dykumoje įvykti tarp Tėvo Širdies ir Sūnaus Širdies per tas 40 dienų.

Tačiau dykuma gali būti ir pragaras, kur klaidžioja piktosios dvasios, simbolinė mirties vieta – nes ten nėra gyvybės. Nebent piktosios dvasios simboliais tapę šakalai, gyvatės, skorpionai ir liūtai: „Jūsų priešas velnias *lyg riaumojantis liūtas* slankioja aplinkui, tykodamas ką praryti" (1 Pt 5, 8), rašo apaštalas Petras. Būtent dykumoje, kur įmanomas giliausias Dievo Meilės patyrimas, ir vyksta aršiausia kova, nes kovojama dėl svarbiausio – amžinojo gyvenimo, kuris yra bendrystė su Dievu. Šėtonas prisiartina gundyti Jėzų – taigi ir mus, nes esame Jėzaus Kūnas – Bažnyčia.

Evangelistas Morkus nedetalizuoja, kaip Jėzus buvo gundomas ir kaip nugalėjo. Vis dėlto galime trumpai prisiminti, kad šėtonas gundė tose srityse, kur gimtoji nuodėmė žmogui palikusi randus: kūno geismą, akių geismą ir gyvenimo puikybę (plg. 1 Jn 2, 16): „Liepk, kad šitie akmenys pavirstų duona, jeigu Tu esi Dievo Sūnus!" (plg. Mt 4, 3). Šėtonas taip nori sužadinti kūno geismą Jėzuje. Jėzus iš tikrųjų alkanas, ir tikrai būtų gera po keturiasdešimties dienų pasninko pagaliau atsigaivinti duona ir vandeniu. Atrodytų, labai geras pasiūlymas, tačiau iš piktojo niekada nieko gero negali laukti. Vadinasi, šitas pasiūlymas neišvengiamai kažkuo yra blogas. Ir kuo gi jis blogas? Jis kviečia Jėzų pasinaudoti savo dieviškąja galybe *dėl savęs*. Atkreipkite dėmesį, Jėzus niekada neatsisakė išgydyti žmogaus, išvaduoti jį iš piktosios dvasios: atverti neregiui akis (plg. Lk 18, 35–43; Mk 8, 22–26; Jn 9, 1–7), kurčiajam ausis (plg. Mk 7, 31–37), atleisti nuodėmes tam, kuris prislėgtas nevilties (plg. Mt 9, 1–2). Bet Jis niekada nedarė stebuklo sau, nes Meilė – tai rūpintis kitu, ne savimi. Todėl Jėzus Šventosios Dvasios galia nuolat keičia mūsų akmenines širdis į savo Eucharistinę Širdį – į duoną Dievui ir žmonėms. Jis tai darys iki laikų pabaigos.

Šėtonas gundo Jėzų tuštybe: „Jeigu Tu Dievo Sūnus, pulk žemyn, juk parašyta: *angelai nešios Tave ant rankų, kad neužsigautum kojos į akmenį*" (Mt 4, 6; plg. Ps 90(91), 11–12). Jis jau supranta, koks yra Jėzaus ginklas – Jėzus pirmąjį gundymą atrėmė Dievo žodžiu. Tad ir šėtonas išsitraukia tą patį ginklą – Dievo žodį, 91-ąją psalmę, bet labai kruopščiai pacituotą. Jis necituoja tolesnių šios psalmės eilučių, kur parašyta: „Nes Tu mindžiosi skorpioną ir gyvatę, sutrypsi liūtuką ir slibiną" (plg. Ps 90(91), 13) – juk tie padarai yra piktosios dvasios simbolis... Kodėl ši pagunda bloga? Dievo žodis, net ir šėtono kalbamas, liudija tiesą. O tiesa yra ta, kad angelai iš tiesų siunčiami saugoti mus, tik jie tai daro ne beatodairiškai, nes Dievas mums davė protą suvokti, kas yra pavojinga, ir patiems pasisaugoti. Angelai mus saugo ten, kur mūsų protas per menkas suprasti, kas pavojinga – taip, kaip mamos saugo vaikus, kurie nesupranta, jog elektrinė plytelė gali būti pavojinga. Bet niekas nepagalvos saugoti nuo raudonai įkaitusios plytelės paauglio. Ir jau tikrai nebus protingas tas paauglys, kuris, norėdamas išbandyti, ar iš tiesų Dievas jį myli ir saugo, uždės ranką ant tos plytelės. Dievo gundymas įvyksta tada, kai savo protu supranti, jog pavojinga, ir vis tiek lendi į ugnį, lendi į nuodėmę.

Pagaliau gundymas trečiuoju geismu (ankstesnysis buvo akių geismas) – gyvenimo puikybe: „Pagarbink mane, ir aš Tau atiduosiu visas šitas karalystes, kurios man priklauso" (plg. Mt 4, 9). Ši pagunda – melas nuo pradžios iki galo. Pirmiausia, šėtonui tos karalystės nepriklauso, net jeigu jis jas ir yra pavergęs, kaip rašo šv. Jonas savo Pirmajame laiške: „Visas pasaulis yra piktojo pavergtas" (1 Jn 5, 19). Dievas yra pasaulio Šeimininkas ir Valdovas, nes Jis jį sukūrė, o šėtonas yra uzurpatorius, vagis ir plėšikas (plg. Jn 10, 8). Jis meluoja atiduosiąs Jėzui visa, jeigu šis pagarbinsiąs jį. Tiek daug žmonių patiki šiuo melu ir parduoda savo sielą už pelus – valdžią, pinigus, garbę, malonumus... Bet šėtonas ir čia apgauna. Iš pradžių duoda, o paskui išduoda. Netenki ne tik to, ką gavai, bet nebeturi ir to, ką anksčiau turėjai: lieki paniekintas ir sutryptas visų akyse, sulaužyta sveikata ir širdimi... Ir pagaliau, „pagarbink" – t. y. pripažink, kad aš Tavo šaltinis, kad nuo manęs priklausai, kad aš Tave palaikau būtyje ir gyvenime. Tai pats akiplėšiškiausias melas. Ir vienintelis atsakymas yra ne diskusija (nors Jėzus puikiausiai galėjo argumentuotai, metafiziškai įrodyti šitą baisų melą ir klaidą), bet vėl – Dievo žodis (tokiu būdu Jis mus moko, kad šiukštu nesileistume į jokias diskusijas su piktuoju): „Viešpatį, savo Dievą, tegarbink ir jam vienam tetarnauk!" (Mt 4, 10).

Štai trys pavyzdžiai, duoti mums kaip paviržėlis mūsų keturiasdešimties dienų kelionei per dykumą, Gavėnios dykumą, į Pažado, į Prisikėlimo žemę. Turime neišleisti iš akių, dėl ko esame toje keturiasdešimties dienų Gavėnios dykumoje – tikrai ne vien tam, kad pasninkautume, melstumės ir dalintume išmaldą (plg. Mt 6, 1–18). Tai tik priemonės; tikslas yra pasiekti Jėzaus Prisikėlimo slėpinį – Jo Šlovę, kuri suspindės mūsų širdyse iš naujo Velykų naktį. Tačiau, kad kelyje nenusilptume, ir kad ta keturiasdešimties dienų kelionė per dykumą iš tikrųjų neštų vaisių, apvalytų mus nuo vergavimo dvasiniam Egiptui ir Sodomai (plg. Apr 11, 8), kaip apaštalas Jonas Apokalipsėje vadina mūsų pasaulį, pavergtą piktojo, mums būtinai reikalingos šios priemonės, kurias duoda Jėzus: pasninkas, malda ir išmalda. Pasninkas – kad nugalėtume save: širdies pasninkas nugalėti savo jausmus, geismus, aistras; akių, klausos – juslių pasninkas, kad nugalėtume savo priklausomybes nuo to, kas yra mus pavergę šiame dvasiniame Egipte ir dvasinėje Sodomoje. Malda – kad nugalėtume Dievą taip, kaip Jokūbas prie Jaboko upelio nugalėjo Jį, pasirodžiusį angelo pavidalu (plg. Pr 32, 23–33). Ir išmalda – kad nugalėtume artimą, nugalėtume jį taip, kaip Jėzus – Meile, pačia didžiausia, kuri yra atiduoti gyvybę už draugus (plg. Jn 15, 3). Juk išmalda yra mūsų gyvybės atidavimas. Na, žinoma, ne visos – tik lašelio, – atitrauktas skanesnis kąsnelis nuo burnos, atidėtas broliui, kuris tokio, o gal ir jokio, neturi.

Štai trys ginklai pergalei – vidinei pergalei prieš save, prieš Dievą, prieš artimą, – Meilės pergalei, kuri mus parengia įžengimui į Pažado, į Prisikėlimo žemę.

Jėzus ten, toje dykumoje, „buvojo kartu su žvėrimis, ir angelai Jam tarnavo" (plg. Mk 1, 13). Per šį Gavėnios laikotarpį mums taip pat teks buvoti su žvėrimis. Aš čia, žinoma, turiu omenyje pirmiausia ne brolius ir seseris... Apie juos galbūt galėtume geriau pasakyti: „Ir angelai jam tarnavo." Žvėrys gyvena mumyse: liūtai, vilkai, beždžionės ir kiaulės, – visas zoologijos sodas! Rojuje visa kūrinija pakluso Adomui ir Ievai, nes šie buvo tobuloje vienybėje su Dievu (plg. Pr 1, 27–28). Izaijas pranašauja, kad taip bus ir vėl: „Liūtas ir jautis kartu ės šiaudus, vilkas viešės pas avį, vaikas kiš ranką į angies urvą, ir nebebus daroma jokio blogio visame mano šventajame kalne" (plg. Iz 11, 6–9). Tačiau dabar mūsų vidus, buvęs rojumi, tapo pavojinga dykuma. Kad tie „žvėrys" vėl mums paklustų, turime leisti Naujajam Adomui ištiesinti mūsų valią, suderinti ją ir vėl suvienyti su Dievo Valia. Tik taip mūsų protui ir valiai vėl paklus mūsų aistros, jausmai, mūsų instinktai. Tada ir angelai galės mums patarnauti kaip nuostabiausiam Dievo kūrybos šedevrui – Jo gulbės giesmei.

Ši Gavėnia turi mums tapti naujuoju katechumenatu: Velykų naktį atnaujinsime Krikšto pažadus, kuriuos krikštijami duoda neofitai, išsižadėsime piktosios dvasios ir visų jos pagundų, išpažinsime tikėjimą, kuris mums atveria kelią į amžinąjį gyvenimą. Tačiau tai valandai, kai visa širdimi, nesvyruojančiu tikėjimu, tvirta ir gryna valia vėl galėsime pasakyti tuos žodžius, mes turime pasirengti. Tam Bažnyčia mus ir veda į keturiasdešimties dienų Gavėnios dykumą – naująjį katechumenatą, per kurį turime atnaujinti savo tikėjimą, savo meilę Jėzui, savo pasirinkimą ir pasiryžimą priklausyti vien tik Jam. Todėl, broliai, seserys, žiūrėkime, kokiu keliu eisime per tą dykumą! Nes prieš mus yra du keliai: vienas – į dangų, susitikimą su Viešpačiu, o kitas – į pragarą, jeigu įsileisime į pokalbius su piktąja dvasia.

Rinkimės gyvenimą, o ne mirtį!

2009 kovas (Gavėnia)

Gyvojo Vandens Versmė

Jėzus užsuko į Samarijos miestą, vadinamą Sicharu, netoli nuo lauko, kurį Jokūbas buvo davęs savo sūnui Juozapui. Tenai buvo Jokūbo šulinys. Nuvargęs iš kelionės, Jėzus prisėdo palei šulinį. Buvo apie šeštą valandą.
Viena samarietė moteris atėjo semtis vandens. Jėzus ją paprašė: „Duok man gerti." (Tuo tarpu mokiniai buvo nuėję į miestą nusipirkti maisto).
Samarietė atsakė: „Kaipgi tu, būdamas žydas, prašai mane, samarietę, gerti?" (Mat žydai nebendrauja su samariečiais).
Jėzus jai tarė: „Jei tu pažintum Dievo dovaną ir kas yra tas, kuris tave prašo: ‚Duok man gerti', rasi pati būtum jį prašiusi, ir jis tau būtų gyvojo vandens davęs!"
Moteris atsiliepė: „Viešpatie, betgi tu neturi kuo pasemti, o šulinys gilus. Iš kur tu imsi gyvojo vandens? Argi tu didesnis už mūsų tėvą Jokūbą, kuris tą šulinį mums paliko ir pats iš jo gėrė, ir jo vaikai, ir gyvuliai?"
Jėzus atsakė: „Kiekvienas, kas geria šitą vandenį, ir vėl trokš. O kas gers vandenį, kurį aš duosiu, tas nebetrokš per amžius, ir vanduo, kurį jam duosiu, taps versme vandens, trykštančio į amžinąjį gyvenimą."

Tuomet moteris sušuko: „Viešpatie, duok man to vandens, kad aš nebetrokščiau ir nebevaikščiočiau semtis čionai."
Jėzus atsiliepė: „Eik, pakviesk savo vyrą ir sugrįžk čia."
Moteris atsakė: „Aš neturiu vyro."
Jėzus jai tarė: „Gerai pasakei: ‚Neturiu vyro', nes jau esi turėjusi penkis vyrus, ir dabartinis anaiptol ne tavo vyras. Čia tu tiesą pasakei." Nustebo moteris:
„Aš matau, Viešpatie, jog esi pranašas. Mūsų tėvai garbindavo Dievą ant šito kalno, o jūs tvirtinate, kad Jeruzalė esanti vieta, kur reikia jį garbinti."
Jėzus atsakė: „Moterie, tikėk manimi, jog ateis valanda, kada garbinsite Tėvą ne ant šio kalno ir ne Jeruzalėje. Jūs garbinate, ko nepažįstate, o mes garbiname, ką pažįstame, nes išganymas ateina iš žydų. Bet ateis valanda, – jau dabar ji yra, – kai tikrieji garbintojai šlovins Tėvą dvasia ir tiesa. Ir pats Tėvas tokių garbintojų ieško. Dievas yra dvasia, ir jo garbintojai turi šlovinti jį dvasia ir tiesa."
Moteris jam sako: „Aš žinau, jog netrukus ateis Mesijas – tai yra Dievo Pateptasis. Atėjęs jis mums viską paskelbs."
Jėzus jai taria: „Tai aš, kuris su tavimi kalbu!"
Tuo metu sugrįžo jo mokiniai ir nusistebėjo, kad jis šnekučiuoja su moterimi. Vis dėlto nė vienas nepaklausė: „Ko iš jos nori?" arba: „Apie ką su ja kalbi?" O moteris, pamiršusi ąsotį, nubėgo į miestą ir apskelbė žmonėms: „Eikite pažiūrėti žmogaus, kuris pasakė man viską, ką esu padariusi. Ar tik jis nebus Mesijas?!" Ir žmonės iš miesto ėjo pas jį.
Tuo tarpu mokiniai ėmė raginti: „Rabi, pasistiprink!"
O jis atsiliepė: „Aš turiu valgyti maisto, kurio jūs nežinote."
Tada mokiniai pradėjo vienas kitą klausinėti: „Nejaugi kas atnešė jam valgyti?"
Bet Jėzus tarė: „Mano maistas – vykdyti valią to, kuris mane

siuntė, ir baigti jo darbą. Argi jūs nesakote: ‚Dar keturi mėnesiai, ir ateis pjūtis'? Štai sakau jums: pakelkite akis ir pažiūrėkite į laukus – jie jau boluoja ir prinokę pjūčiai. Jau pjovėjas uždarbį gauna ir renkasi vaisių amžinajam gyvenimui, kad lygiai džiaugtųsi sėjėjas ir pjovėjas. Teisingai priežodis sako: ‚Vienas pasėja, kitas nupjauna.' Aš pasiunčiau jus nuimti derliaus, į kurį jūs neįdėjote darbo. Kiti pasidarbavo, o jūs įstojote į jų darbą."
Daug samariečių iš ano miesto įtikėjo Jėzų dėl moters žodžių: „Jis man pasakė viską, ką esu padariusi."
Atėję samariečiai prašė jį pasilikti pas juos, ir jis ten pasiliko dvi dienas. Dar daugiau žmonių įtikėjo dėl jo pamokslų. O moteriai jie pasakė: „Dabar mes tikime ne dėl tavo šnekos. Mes patys išgirdome ir žinome, kad jis iš tiesų yra pasaulio Išganytojas."

Jn 4, 5–42

Ši ilga Evangelija pradeda paskutiniuosius pasirengimo Didžiajam Velykų Tridieniui, Viešpaties Prisikėlimo Tridieniui, etapus. Kitą sekmadienį taip pat bus ilga Evangelija, ir dar kitą – vėl ilga Evangelija, ir, pagaliau, Verbų sekmadienį girdėsime ilgą ilgą Viešpaties Kančios Evangeliją. Tai taip priešinga mūsų pasauliui, kuris visko nori trumpai ir greitai. O Bažnyčia nori, kad mes garbintume Dievo žodžiu, kad juo imtume alsuoti, kad galėtume juo gyventi. Nes ši Evangelija kalba ne tik apie Jėzų, ne tik apie moterį samarietę, ne tik apie mokinius ir Samarijos gyventojus, prieš du tūkstančius metų pažinusius Mesiją, bet ir apie mus. Žinoma, apie tokį ilgą tekstą galima kalbėti valandų valandas, o jų nėra. Todėl sustosime tik prie trijų šiandien mums svarbiausių šios Evangelijos aspektų.

Pirmiausia šis Jėzaus ir samarietės susitikimas yra pranašystė ir provaizdis Jėzaus bei Marijos Širdies pokalbio prie

Kryžiaus (žr. Jn 19, 25–27). Daugybė kitų Evangelijos įvykių taip pat liudija ir pranašauja šią svarbiausią mūsų išgelbėjimo akimirką – Jėzaus pervertą Širdį ant Kryžiaus. Tai ir Viešpaties Krikštas Jordano upėje (žr. Mk 1, 9–11; Mt 3, 13–17; Lk 3, 21–22; Jn 1, 29–34), ir Kanos vestuvės (žr. Jn 2, 1–12), ir Jėzaus Atsimainymas ant Taboro kalno (žr. Mk 9, 1–8; Mt 17, 1–8; Lk 9, 28–36)... ir šis Jėzaus susitikimas su samariete.

Apie šeštą valandą, tai yra apie vidurdienį – tą pačią valandą, kai Viešpats buvo nukryžiuotas, Jėzus kreipėsi į moterį: „Duok man gerti." Trokštu. Taip Jėzus sakė ant Kryžiaus: „Trokštu!" (Jn 19, 28). Taip Jis kreipėsi į Mariją nuo Kryžiaus: „Moterie..." (Jn 19, 26). Ko gi Jėzus trokšta? Ar atkreipėte dėmesį, kad Jis taip ir nesuvilgė lūpų, nes moteris taip ir nepasėmė to vandens? Net savo ąsotį užmiršo ir nubėgo į kaimą skelbti atradusi Gyvojo Vandens versmę. Tad kokio gi vandens Jėzus troško? Dėl ko samarietė moteris taip nustebo?

Jėzus troško meilės... Dievas, kuris yra Meilė, trokšta mažo žmogaus, kuris yra nepastovus kaip laukų žolė (plg. Ps 102(103), 15–16), nuolat keičia savo nuomonę, neištveria draugystėje ir meilėje ilgiau nei mėnesio ar metų be Jo malonės, meilės. Jėzus – pati Meilė – trokšta žmogiškos meilės vandens. Tik... jo taip ir neparagauja, nes toji moteris Jam taip ir neduoda savo meilės vandens. Jėzus trokšta žmogiškos meilės ne dėl to, kad jos Jam reikėtų. Ne: Jis pats nori duoti savo dieviškos Meilės vandens moteriai atsigerti, duoti jos mums, amžinai ištroškusiems ir niekada nepasisotinantiems, jei geriame vien tik iš žmogiškos širdies. Nes to vandens vis trokšti ir trokšti. Vis reikia, kad mums pasakytų ir parodytų – mūsų sutuoktinis, mūsų vaikas, mūsų tėvas ir mama, mūsų brolis ar sesuo – „kaip aš tave myliu!" Ir niekad negana, ir vėl trokšti, nes neatgaivina tas vanduo, žmogiškos meilės vanduo... Vis dėlto Jėzus prašo: „Duok man to vandens“, kad mes nustebtume, – „kaip Tu, Viešpatie, kuris esi pati Meilė, Gyvojo vandens versmė, prašai iš manęs – gertuvės, plastikinio butelio – atsigerti vandens?! Tu, Versmė?!“ O Jėzus atsako: „Jei tu pažintum Dievo dovaną ir kas yra tas, kuris tave prašo: ‚Duok man gerti‘, rasi pati būtum Jį prašiusi ir Jis tau būtų Gyvojo Vandens davęs!“ Tik dėl to Jėzus *prašo* mūsų meilės, kad nustebę galėtume *gauti* Jo Meilės, kurios paragavus, kaip Kanos vyno, nebesinori gerti to, kas buvo anksčiau. Nes kas paragauja šio – Meilės – vandens, niekada nebetrokšta. Niekada. O jei tebetrokšta, tikriausiai taip ir neparagavo...

Kitas pamokymas mums šioje Evangelijoje yra Jėzaus pokalbis su moterimi, kuri yra visos žmonijos, visos Bažnyčios ir kiekvieno iš mūsų sielos įvaizdis, – apie jos nelaimingas meiles. Ji jau buvo turėjusi penkis vyrus. „Ir dabartinis“, sako Jėzus, „anaiptol ne tavo vyras“. Tai jau šeštasis. Dabar gi moteris yra priešais septintąjį, tikrojo Sutuoktinio – visų sutuoktinių pilnatvės ir išsipildymo – akivaizdoje. Nes kaip yra vienintelis Tėvas danguje, o visi kiti tėvai tesame tiktai to Tėvo maži ir labai iškreipti atspindžiai; kaip yra vienintelis Mokytojas Kristus, o visi mokytojai, profesoriai, daktarai ir akademikai tėra tik to vienintelio Mokytojo blankus atšvaitas, – taip tėra tik vienas vienintelis Sutuoktinis, kuris vienintelis tegali pagirdyti mūsų širdį, ištroškusią begalinės Meilės vandens. O visi likę sutuoktiniai tėra tik daugiau ar mažiau panašūs to Tikrojo atvaizdai. Štai kodėl tik Septintasis yra tikrasis. Štai kodėl mes galime nepaliaudami klajoti po šį pasaulį, ieškodami šulinio, iš kurio galėtume sočiai atsigerti, ir vis trokšti ir trokšti, kol nesame susitikę to vienintelio Gyvojo Vandens šaltinio, tikrojo Sutuoktinio – Septintojo – Dievo Avinėlio – Pervertosios Širdies, kuri mus nuplauna, pagirdo, kuri mus perkeičia ir atnaujina, padaro panašius į *Save*.

Ir trečioji pamoka – kaip toji moteris ima skelbti Evangeliją. Matome, kaip Jėzaus pažadas: „Kas gers vandenį, kurį Aš duosiu, tas nebetrokš per amžius, ir vanduo, kurį jam duosiu, taps versme vandens, trykštančio į amžinąjį gyvenimą" – čia pat išsipildo šioje moteryje samarietėje. Ji atsigėrė iš Gyvojo Vandens šaltinio! Jai nebereikia to šaltinio, iš kurio atėjo semtis, ir ąsočio nebereikia, nes ji jau atsigėrė. Iš jos širdies ėmė trykšti tas pats jos troškulį numalšinęs Gyvojo Vandens šaltinis, kuriuo reikėjo pagirdyti visą kaimą, tučtuojau, palikus visas savo įprastas pareigas. Tas vanduo, ištryškęs iš jos širdies, savo ruožtu atvėrė versmę Gyvojo – to paties Gyvojo Vandens – ir jos tėvynainiuose, jos gimtinės gyventojuose. Jie įtikėjo ir atėjo pas Jėzų. Atėjo išgirsti, savo pačių lūpomis priglusti prie Šaltinio...

Štai mums ir paaiškinimas, kur yra tikrasis mūsų krikščioniškojo gyvenimo vaisingumas: pirmiausia patys turime gerti iš Jėzaus Širdies. Tai – malda, asmeninis pokalbis, meilės pasimatymas su Jėzumi. Tik tada galime liudyti ir žodžiu, ir savo gyvenimu – nuolankumu, kantrybe, atleidimu... Tik tada mūsų širdis liudys Jėzų. Tik tada žmonės per mus pamatys Jį, tikrąjį Sutuoktinį, tikrosios Meilės Šaltinį. Tikriausiai supratome, kad tas vanduo, trykštantis iš Gyvojo Vandens šaltinio, yra Šventoji Dvasia, kurią visi esame gavę per Krikštą, per susitikimą su Jėzumi, per Jo prisilietimą, per Jo bučinį – sakramentinę malonę, – Šventoji Dvasia, kuri atveria mūsų širdį, kad iš jos Ji trykštų ir į kitus, kaip ištryško iš pervertos Jėzaus Širdies ant Kryžiaus. Kryžius – didžiausios Meilės ženklas ir vieta. Ten apreiškiamas tikrasis Gailestingojo Tėvo Veidas yra tas Šaltinis, iš kurio visi galime atsigerti ir daugiau nebetrokšti.

Žadėjau aptarti tris šios Evangelijos aspektus, bet negaliu nepaliesti dar vieno, ketvirtojo – šios moters samarietės pokalbio su Jėzumi apie tyrąjį garbinimą. Jėzus paaiškina, kad „ne

Jeruzalėje, ir ne ant šio kalno reikia garbinti Viešpatį, [...] bet šlovinti Jį Dvasia ir Tiesa, [...] atėjus valandai". Kiekvieną kartą, kai Evangelijoje Jėzus kalba apie valandą, Jis kalba apie Kryžiaus valandą. Būtent tada Jis iš tiesų pagarbina Dievą, savo Tėvą, pats būdamas Dievas, Dievas-Žmogus. Dievas, tapdamas žmogumi, savo žmogiška prigimtimi pagarbina *Dvasia* – Šventąja Dvasia, veikiančia Jame, ir *Tiesa*, kuri yra Jis pats. Juk Jėzus sako: „Aš esu kelias, tiesa ir gyvenimas" (Jn 14, 6). Štai tokia *Tiesa* – pačiu Kristumi – ir tokia *Dvasia* – Šventąja Dvasia – mes turime garbinti Tėvą atėjus valandai, Kryžiaus valandai, kurią savo gyvenime susitinkame kiekvieną dieną. Stipriau ar mažiau stipriai, skaudžiau ar ne taip skaudžiai, bet kiekvieną dieną. Ir būtent tą akimirką, kai esame „kalami prie Kryžiaus", turime kartu su Jėzumi garbinti Tėvą *Dvasia*, Šventąja Dvasia, trykštančia iš mūsų pervertos širdies, ir *Tiesa*, gyvenančia mumyse – Jėzumi Kristumi. Ši Eucharistija taip pat yra valanda, kai turime garbinti Tėvą *Dvasia* ir *Tiesa*. Ne vien liturginiais gestais – nusilenkimais, atsiklaupimais, Kryžiaus ženklu, atsakymais, – ne vien. Bet pirmiausia *Dvasia*, Šventąja Dvasia, trykštančia iš Jėzaus Širdies per mūsų širdį į Tėvo Širdį, ir *Tiesa*, pačiu Kristumi, kuris yra mumyse – nes esame Jo Kūnas, sužalotas ir prikaltas prie Kryžiaus, – idant garbintume Tėvą dabar, šią valandą, kuri yra Kryžiaus valanda. Visa Eucharistija yra Kryžiaus – didžiausios Meilės – valanda, kai iš Uolos (plg. Ps 17(18), 3) ištrykšta Vanduo, malšinantis mūsų amžinąjį meilės troškulį. Ateikime ir atsigerkime to Vandens, dovanai trykštančio į amžinąjį gyvenimą! Nes atsigėręs niekada daugiau nebetrokš, bet pats taps versme Vandens, trykštančio į tą amžinąjį Gyvenimą, kuris yra mūsų Tėvas.

2008 vasaris (Gavėnia)

Tėvo namai

Artėjant žydų Velykoms, Jėzus nukeliavo į Jeruzalę. Šventykloje jis rado prekiautojų jaučiais, avimis, balandžiais ir prisėdusių pinigų keitėjų. Susukęs iš virvučių rimbą, jis išvijo visus juos iš šventyklos, išvarė avis ir jaučius, išbarstė keitėjų pinigus, išvartė jų stalus. Karvelių pardavėjams jis pasakė: „Pasiimkite savo paukščius ir iš mano Tėvo namų nedarykite prekybos namų!" Jo mokiniai prisiminė, kad yra parašyta: „Uolumas dėl tavo namų sugraus mane."
Tuomet žydai kreipėsi į Jėzų, sakydami: „Kokį ženklą mums galėtum duoti, jog turi teisę taip daryti?" Jėzus atsakė: „Sugriaukite šitą šventyklą, o aš per tris dienas ją atstatysiu!"
Tada žydai sakė: „Keturiasdešimt šešerius metus šventyklą statė, o tu atstatysi ją per tris dienas?"
Bet jis kalbėjo apie savo kūno šventyklą. Tik paskui, jam prisikėlus iš numirusių, mokiniai prisiminė jį apie tai kalbėjus. Jie įtikėjo Raštu ir Jėzaus pasakytais žodžiais.
Per Velykų šventes, Jėzui būnant Jeruzalėje, daugelis įtikėjo jo vardą, matydami jo daromus stebuklus. Bet Jėzus, gerai

visus pažindamas, jais nepasitikėjo. Jam visai nereikėdavo, kad kas paliudytų apie žmogų. Jis pats žinojo, kas yra žmogaus viduje.

Jn 2, 13–25

Kiekvienas žodis, išėjęs iš Dievo lūpų, pamaitina žmogaus širdį daug sočiau, nei duona kūną (plg. Įst 8, 3; Mt 4, 4). Jame mes ne iš karto įžvelgiame maistą savo širdžiai – pirma reikia jį gerai sukramtyti, kad pajustume visą jo skonį.

Jėzus dešimt Dievo įsakymų, dešimt Jo Žodžių (žr. Iš 20, 1–17) yra pasakęs trumpiau – dviem Žodžiais: Jis elgiasi kaip motina, kuri, sukramčiusi kąsnelį, duoda jį kūdikiui, – kad iš karto pajustume jo skonį. Jis šiuos dešimt Dievo įsakymų apibendrina taip: „Mylėsi Viešpatį, savo Dievą, visa širdimi, visa siela, visu protu ir visomis jėgomis, o savo artimą – kaip save patį" (plg. Mt 22, 37–39). Šv. Paulius sutrumpina dar labiau, kad liktų tiktai kvintesencija – tai, kas svarbiausia: jis sako, kad visas Įstatymo išpildymas yra meilė – „kas myli, tas įvykdo Įstatymą" (Rom 13, 8). Nes meilė nedaro nieko blogo artimui (plg. Rom 13, 10). Nes Dievas yra Meilė (žr. 1 Jn 4, 8. 16), todėl ir Jo žodžiai, skirti mums, tegali būti tik Meilė. O pati svarbiausia žinia šiame skaitinyje iš Išėjimo knygos yra tokia: idant būtume laimingi, mes pirmiausia esame kviečiami mylėti Dievą, ir mylėti Jį taip, kaip tik vienas Dievas tegali būti mylimas – *garbinimu*. Juk garbinimas ir yra ne kas kita, o pripažinimas, jog mes visiškai priklausome nuo Dievo. Kiekvieną akimirką kiekviena mūsų kūno ląstelė, kiekviena mūsų sielos kertelė priklauso nuo Dievo, – visiškai, totaliai, absoliučiai. Kai mes priimame šią priklausomybę, kai ja džiaugiamės, tada mes iš tikrųjų garbiname. Kaip ir meilėje – juk meilėje mes esame priklausomi nuo to, kurį mylime, ir džiaugiamės ta priklausomybe. Tai nėra priklausomybė nuo policininko, kai šis mus sustabdo už greičio viršijimą, – tada mes irgi priklausome nuo jo. Tikriausiai visi prisimename šį nemalonų jausmą, kai staiga prieš akis švysteli policininko lazdelė, o per širdį pereina: „Na, va, atrodo, ir vėl kažką padariau ne taip..." Ne, Dievo garbinimas ne toks. Irgi per širdį pereina, bet jausmas kitas. Kai iš tolo pamatai mylimo žmogaus siluetą, išgirsti jo balsą, taip pat per visą kūną pereina šiurpuliukas, bet jis kitoks, nei pamačius policininko lazdelę. Ne, Dievas ne policininkas – Dievas yra Mylimasis. Dievas yra Tėvas. Jį garbinti ir yra – mylėti Jį visa širdimi, visa siela, visu protu, visomis jėgomis. Idant galėtume iš tikrųjų taip mylėti Dievą, Jis mus įspėja: „Nesidirbdinsi jokios statulos ar paveikslo" (žr. Iš 20, 4). Kodėl? Mat po gimtosios nuodėmės žmogus tapo daug labiau priklausomas nuo regimų, apčiuopiamų dalykų, negu nuo dvasinių. Dievas yra dvasia (plg. Jn 4, 24) – tyriausia, galingiausia, šlovingiausia dvasia. Bet ji nematoma mūsų kūno akims. O mūsų širdis taip greitai prisiriša prie to, ką mato mūsų akys... Net jeigu tai būtų paprasčiausia skarabėjaus skulptūrėlė. Net ir vabalą sugebėjome sudievinti po nuopuolio! Aš čia kalbu apie Egipto religiją. Įsivaizduojate, vabalą laikyti dievu?.. Kokia beprotybė! Ji tegali kilti tik iš nuodėmės, iš nuopuolio. Todėl, kad apsaugotų mus nuo tos beprotybės, nuo tos kvailybės, Dievas ir sako: „Nesidirbinsi jokio paveikslo ar panašumo į tai, ką regi savo akimis." Tačiau esama ir dar svarbesnės priežasties, kodėl Dievas draudžia gaminti paveikslus – nes vienintelis tikrasis Dievo paveikslas ir panašumas yra žmogus – juk Dievas sukūrė žmogų pagal savo paveikslą ir panašumą, kaip skaitome Pradžios knygoje (žr. Pr 1, 27). Tačiau neužmirškime, kad žmogus toks yra tik iki nuopuolio. Po nuopuolio, nors mes tebesame Dievo paveikslas, panašumo gali visai nebelikti – mes taip dažnai tampame Dievo karikatūra ir nedraugišku šaržu! Todėl, žiūrėdami vieni į kitus – visiškai natūralu! – labai dažnai nebeįžvelgiame to Dievo paveikslo anei panašumo... Tada reikia tokio rentgeno aparato, kokį šiais laikais turi restauratoriai. Jie peršviečia juo kokį dešimtis kartų tepliotą paveikslą ar ikoną ir mato, kas yra už visų tų sluoksnių, koks buvo pats pirmas, tikrasis, originalusis paveikslas. Panašiai ir mums reikia tokio rentgeno aparato – Šventosios Dvasios šviesos, idant galėtume įžvelgti vieni kituose tikrąjį paveikslą ir panašumą to Vienintelio, kurį turėtume garbinti visa širdimi, visa savo širdies meile.

Šita ištarmė – kad žmogus yra Dievo paveikslas ir panašumas – vėl suspindi nauja šviesa Jėzuje, Naujajame Adome, kuris savo žmogišku Kūnu dar labiau yra Dievo paveikslas ir panašumas (plg. Kol 1, 15), nei buvo pirmasis Adomas, vis dėlto turėjęs tobulą nemirtingą kūną. Taip yra todėl, kad Jėzus yra ne tik žmogus – Jis yra ir patsai Dievas. Jis yra ne tik Dievo paveikslas ir panašumas, – Jis taip pat yra ir Dievo Šventovė, Jo Kūnas yra Šventovė. Apie tai girdėjome Evangelijoje, kai Jėzus sakė: „Sugriaukite šitą Šventovę, o Aš per tris dienas ją atstatysiu." Žydai pagalvojo apie savąją žemiškosios Jeruzalės šventyklą, tad atsako: „Keturiasdešimt šešerius metus šventovę statė, o Tu ją atstatysi per tris dienas?!" Mokiniai taip pat to nesuprato. Ir tik po Prisikėlimo jie susivokė, jog Jis kalbėjo apie savo Kūno Šventovę, nes Jėzaus Kūnas yra ne rankų darbo šventykla, kurią Dievas per pranašus žadėjo pastatydinsiąs (plg. Iz 66, 1; Ez 37, 26; Apd 7, 48–49). Jėzaus Kūnas yra Šventovė. Ir toji Šventovė yra Bažnyčia, nes Bažnyčia yra Jėzaus mistinis Kūnas, Jo Sutuoktinė, Jo Nuotaka, Jo Balandėlė... (plg. Gg 6, 9). O kiekvienas iš mūsų esame to Kūno nariai – juk Sutuoktinis ir Sutuoktinė yra vienas Kūnas. Ir „ką Dievas sujungė, žmogus teneperskiria!" (Mk 10, 9; Mt 19, 6).

Štai kodėl iš tikrųjų ir kiekvienas iš mūsų esame Dievo šventykla, Šventosios Dvasios šventovė, kaip sako apaštalas Paulius (žr. 1 Kor 6, 19). Tačiau taip dažnai mes tą šventyklą prišnerkščiame, ir prišnerkščiame pirmiausia dvasine prasme, nors, žinoma, galime baisiai apsišnerkšti ir tiesiog nesiprausdami, nesivalydami dantų, nesikrapštydami ausų, – tuomet mes pradedame *smirdėti*. Tačiau tai tėra tik išorinis ženklas daug baisesnės dvasinės smarvės, kuri gali dvokti mūsų širdyje ir sieloje... Taip atsitinka, kai mes iš Dievo šventovės padarome turgavietę. Mat kai mes pradedame matuoti visus mūsų santykius nauda ir pinigu – ir žmogiškus, ir, kas baisiausia, net ir mūsų santykį su Dievu – tada mes ir suteršiame Dievo šventovę. Tai ženklas, kad meilės nebėra, kad liko tik išskaičiavimas. Tuomet Jėzus ima siautėti, nes Jis negali pakęsti, kai Meilės namai tampa prekybos namais.

Kad geriau suprastume šią Evangeliją, reikėtų šiek tiek istorinių žinių: Jeruzalės šventykla turėjo keturis kiemus – pagonių kiemą, moterų kiemą, vyrų kiemą ir kunigų kiemą. Eidamas į šventyklą, pirmiausia patekdavai į pagonių kiemą, supantį kitus tris kiemus ir pačią šventyklą. Iš jo būdavo galima įeiti į vienas po kito išsidėsčiusius moterų, vyrų ir kunigų kiemus. Už kunigų kiemo stūksojo pats šventyklos pastatas, kuriame buvo dvi dalys: Šventoji, ir už jos – Šventų Švenčiausioji. Į pastarąją kartą per metus galėdavo įeiti tiktai vyriausiasis kunigas. Į Šventąją dukart per dieną įeidavo vien kunigai. Į kunigų kiemą, žinoma, galėdavo įžengti tik kunigai, į vyrų – tiktai vyrai, ir tik žydai. Į moterų kiemą – moterys žydės. O į pagonių kiemą – visi, kas tik norėdavo ateiti į Dievo šventyklą. Bet aukštieji kunigai nusprendė: kadangi reikia padėti žmonėms garbinti Dievą, tegu tie jaučiai, avys, balandžiai ir visi kiti gyvuliukai, reikalingi aukai, bus pardavinėjami pagonių kieme, nes pagonys juk ne žmonės. Talmude taip ir parašyta: pagonys yra šunys. Tad Jėzus sukyla ir prieš tokį požiūrį, nes kiekvienas žmogus, net ir subjaurotas nuodėmės, net ir nepažįstantis Dievo, vis tiek po visais tais karikatūriniais sluoksniais tebėra Dievo paveikslas ir panašumas. Išvarydamas iš pagonių kiemo prekeivius, Jis nori pasakyti, kad šventykla yra Dievo namai, maldos namai visoms tautoms (žr. Iz 56, 6–7; Mk 11, 17; Mt 21, 12–13; Lk 19, 46) – tad ir pagonims, nes jie taip pat yra Dievo vaikai, jie taip pat yra Dievo paveikslas ir panašumas.

Negalima skirstyti žmonių į labiau panašius į Dievą ir mažiau į Jį panašius. Visi mes esame Jo paveikslas ir panašumas, tik vieni daugiau nuodėmės subjauroti, kiti – mažiau. Ir būtent prie tų, kurie labiau subjauroti, Jėzus žemiau ir pasilenkia su karštesne meile ir gilesniu troškimu apvalyti, nes Jis lenkiasi prie mažutėlių, prie silpnųjų, prie tų, kurie iš tikrųjų galiausiai mistine prasme yra labiausiai panašūs į Tėvą. Juk Tėvas po mūsų pirmųjų tėvų nuodėmės, o ir mūsų pačių nuodėmės lieka labai „pažeidžiamas". Juk tokį Tėvo Veidą Jėzus mums apreiškia ant Kryžiaus, kur Jį matome visiškai apleistą, bejėgį, nukraujavusį, nuplaktą, prikaltą, apspjaudytą... Štai šitaip Tėvas „jaučiasi", kai mes pasiduodame nuodėmei. Štai kur yra tikriausias Dievo paveikslas ir panašumas – ant Kryžiaus. Vadinasi, tada, kaip sakiau, su tuo Šventosios Dvasios *rentgeno aparatu* mes galime įžiūrėti, kad ir kiekvienas iš mūsų, kai esame taip sužeisti, – gal net nuo pat kūdikystės, nuo vaikystės, – kai esame kenčiantys, pilni išbandymų, suspaudimų, depresijos, nevilties, – mes iš tikrųjų tada esame Dievo paveikslas ir panašumas, kurį reikia saugoti, kurį reikia mylėti, – tiesiog *mylėti*, užuot mėginus pasaulio dvasia kažką *sukombinuoti*. Žinoma, tai gali tik Šventoji Dvasia, ši užduotis ne mūsų jėgoms. Bet kad Šventoji Dvasia galėtų mumyse taip mylėti, pirmiausia turime įsileisti Jėzų, idant Jis išvaikytų visus tuos *turgus* mumyse, visus tuos jaučius ir avinus, kurie ten stovi ir daro iš mūsų širdies tvartą, o ne šventyklą, visus tuos balandžius, simbolizuojančius gal net labai dvasingas mintis, bet kurios mus blaško, nukreipia nuo to, kas svarbiausia, – nuo Meilės, nuo Dievo – nes Dievas yra Meilė. Viską išvaikyti, kad liktų vien tik Meilė!

Šiandien per Eucharistiją Jėzus vėl ateis į savo Tėvo namus. Ne pas mus į svečius – Jis į savo namus ateis, į mūsų širdį. Ką Jis ten ras?.. Jeigu turgų, tvartą – tada maldaukime, kad Jis su visa savo negailestingai Gailestingos Meilės galybe išvalytų mus, idant mes iš tikrųjų būtume atnaujinti, atjauninti, *restauruoti*.

Kad suspindėtume visa Tėvo paveikslo ir panašumo šviesa.

2012 kovas (Gavėnia)

Karaliaus Sostas

Viešpaties Jėzaus Kristaus Kančios Evangelija
(Mt 26, 14–27, 66)

Verbų sekmadienio šventąsias Mišias pradėjome procesija, kuri panardino mus į šlovingąjį Jėzaus slėpinį – Jo, tikrojo Izraelio Karaliaus, įžengimo į savo miestą, šventąją Jeruzalę, slėpinį. Rankose nešėme verbas – nukirstas, greit nuvystančias, simbolizuojančias mūsų žemiškąjį, mirtingąjį gyvenimą, o širdyje, kaip drabužį nusivilkę savo senąjį žmogų, jį tiesėm ir metėm Jėzui po kojų. Asiliukas buvo kunigas, nešąs patį Jėzų – Dievo Žodį – per Eucharistijos sakramentą ir visus sakramentus; tad mes, keliaudami per vienuolyno sodą, simboliškai keliavome per Kedrono slėnį, įžengdami į Jeruzalę, kurią simbolizuoja bažnyčia. Ir štai čia, Jeruzalėje, girdėjome ir patys dalyvavome Jėzaus Kančios istorijoje: girdėjome, kaip savo mokinio Jis buvo išduotas, kaip buvo neteisingai apkaltintas meluojančių liudytojų, kaip aukštųjų kunigų ir Rašto aiškintojų buvo pasmerktas, niekingai išsižadėtas valdytojo, turėjusio laikytis teisingumo, kaip buvo išsigintas savo vyriausiojo apaštalo Petro, nuplakdintas, vainikuotas erškėčiais, stumdytas, apspjaudytas, kaip nešė Kryžių, galiausiai buvo prie jo prikaltas ir mirė. Šio pasaulio akimis žiūrint – tai baisi katastrofa, nepavykęs perversmas Mesijo, turėjusio išgelbėti Izraelį. Tačiau žvelgdami tikėjimo akimis mes regėjome šio Karaliaus įžengimą į Sostą – nes Viešpats Jėzus, Amžių Karalius, Karalių Karalius ir Viešpačių Viešpats, apsisiautęs krauju permirkusiu apsiaustu, kaip rašoma Apokalipsėje (žr. Apr 19, 13. 16), – tikruoju karališkuoju purpuru, – tas Jėzus, Dievo Žodis, karaliauja nuo Kryžiaus. Kryžius yra šio Karaliaus Sostas. Šio pasaulio akimis žiūrint, tai yra silpnumas, pažeminimas, paniekinimas, – juk pasaulio didingieji valdo galybe, garbe ir pinigais. Šitas Sostas skirtas ir mums, Jo išrinktiesiems, pašauktiesiems ir pašventintiesiems (plg. Apr 17, 14), kad kartu su Juo paveldėtume Karalystę (plg. Mt 25, 34; Lk 22, 29). Tai todėl mes kartu su Juo esame sodinami į šį Šlovės Sostą kiekvieną kartą, kai savo kasdienybėje susiduriame su Kryžiumi, o mūsų senasis žmogus „nuplėšiamas" nuo mūsų taip, kaip buvo nuplėšti Jėzaus drabužiai. Senasis žmogus aimanuoja ir verkia, keikiasi, spjaudosi ir prisiekinėja; tačiau nuplėšus tą senąjį žmogų turi gimti naujasis žmogus, kad apsivilktume Kristumi – naujuoju Adomu, tikruoju Viešpačiu – ir kad kartu su Juo sėdėdami Kryžiaus Soste, paskutiniąją dieną kartu su Juo ir karaliautume.

Tik tikėjimo šviesa mums leidžia pažvelgti iš vidaus į šį slėpinį, kurį ypatingu būdu išgyvename per liturgiją, ypač Eucharistijos liturgiją, tuo labiau Verbų sekmadienį ir Didįjį Kančios penktadienį, nes Eucharistija – tai stovėjimas Kryžiaus papėdėje su Mergele Marija, su šv. Jonu, su šventosiomis moterimis gausingos minios akivaizdoje, kuri šaiposi, tyčiojasi... Ta minia ir dabar, šiandien, šaiposi ir tyčiojasi, – matysime, kas dar bus Didįjį penktadienį, – tą dieną lyg tyčia transliuojamos naujienos, kur būtinai pasišaipoma iš krikščionių tikėjimo arba paskelbiama kokių nors „pikantiškų" dalykėlių. O mes, žvelgdami tikėjimo akimis ir širdimi, turime atpažinti, jog tai ir yra siaurieji vartai (plg. Mt 7, 14), jog tai ir yra Šlovės Sostas, skirtas taip pat ir mums (plg. Apr 3, 21). Į Jį atsisėsti – tai lyg atsisėsti į pranašo Elijo ugnies vežimą (žr. 2 Kar 2, 11), kuris, reikia manyti, skaudžiai degino... Tačiau tai yra išganinga ugnis, išdeginanti mumyse visa, kas nėra meilė, nėra tiesa, visa, kas negali būti Dievuje, kad liktų vien tik Tiesa ir Meilė. Tos Tiesos ir Meilės turime semtis iš Eucharistijos, iš Kryžiaus kiekvieną dieną, kad vis labiau būtume Tiesos ir Meilės vaikai. Kad taptume Kristumi – paniekintu, pažemintu, apspjaudytu, atstumtu, tačiau tikruoju Karalių Karaliumi ir Viešpačių Viešpačiu, kuris ateis laikų pabaigoje teisti šio pasaulio (žr. Mt 25, 31–32), o tai reiškia – atskirti blogį nuo gėrio, sudeginti blogį savo Meilės liepsna, kad liktų tik tyras Gėris. Šventasis Raštas sako, kad Jo išrinktieji – vadinasi, ir mes, kurie neatstumiame Jėzaus Kryžiaus, bet Jį apkabiname – teis pasaulį kartu su Jėzumi (žr. 1 Kor 6, 2): kartu su Jėzumi atskirsime šiame pasaulyje blogį nuo gėrio, kad blogis būtų sunaikintas, o Gėris, Tiesa ir Meilė triumfuotų.

Štai kodėl pradėdami Didžiąją savaitę esame nušviesti Kryžiaus šviesos ir panardinti į Jo Kančios žodį, Evangelijos žodį, kad jis mus iš vidaus sustiprintų, atvertų mūsų širdies akis ir padėtų atpažinti Jėzų – nukryžiuotąjį Karalių, sėdintį savo Šlovės Soste. Taip esame mokomi atpažinti Jį ne tik per Eucharistiją, kai sekmadieniais ateiname tapti viena su Juo per Komuniją, bet ir kiekvieną mūsų gyvenimo dieną – šeimoje, darbovietėje, su kaimynais, kai esame skaudžiai, neteisingai išjuokiami, pažeminami, atstumiami, gal net ir kumščiais puolami... Tokiu būdu kiekvieną dieną ir kasmet per Didžiąją savaitę vis labiau vienijamės su Viešpačiu, mokomės atpažinti Jį savo kasdienybėje, atrasti, kad mūsų kančia nėra beprasmiška, bet atvira dieviškosios Šlovės prasmei, kuri jau dabar sėjama į Kryžiaus išakėtą mūsų širdies dirvą, idant plačiai suvešėtų Gyvybės medžiu.

Prašykime Šventosios Dvasios, prašykime Mergelės Marijos, kuri su tokiu giliu tikėjimu išgyveno šią Jėzaus žengimo į Sostą iškilmę, kad ir mes taip gyventume – ne tik per liturgiją, bet ir kiekvieną savo gyvenimo dieną.

2008 kovas (Verbos)

Brangūs tepalai

Šešioms dienoms belikus iki Velykų, Jėzus atėjo į Betaniją, kur gyveno jo prikeltasis iš numirusių Lozorius. Ten buvo jam iškeltos vaišės. Morta tarnavo, o Lozorius kartu su svečiais vaišinosi prie stalo. Paėmusi svarą brangių tepalų iš grynojo nardo, Marija patepė Jėzui kojas ir nušluostė jas savo plaukais. Namai pakvipo tepalais.
Vienas iš jo mokinių, Judas Iskarijotas, kuris turėjo jį išduoti, pasakė: „Kodėl to tepalo neparduota už tris šimtus denarų ir pinigų neatiduota vargšams?!" Jis taip sakė ne kad jam būtų rūpėję vargšai, bet kad pats buvo vagis ir, turėdamas rankose kasą, grobstė pajamas.
O Jėzus tarė: „Palik ją ramybėje. Ji tai laikė mano laidotuvių dienai. Vargšų jūs visada turite savo tarpe, o mane ne visuomet turėsite."
Daug žydų sužinojo jį tenai esant ir atėjo ne tik dėl Jėzaus, bet taip pat pamatyti Lozoriaus, kurį jis prikėlė iš numirusių. Aukštieji kunigai dabar nusprendė nužudyti Lozorių, nes daugybė žydų per jį atsitraukė nuo jų ir įtikėjo Jėzų.

Jn 12, 1–11

Lozoriaus prikėlimas (žr. Jn 11, 1–44) buvo Viešpaties Jėzaus pranašystė apie Jo paties Prisikėlimą (žr. Mt 28, 1–8; Mk 16, 1–8; Lk 24, 1–10; Jn 20, 1–10). Todėl ir Lozoriaus nužudymas, kurį nusprendė aukštieji kunigai, taip pat buvo pranašystė – būsimojo Jėzaus nužudymo. Tad Lozorius, būdamas ženklas to, kas atsitiks Jėzui, yra pavyzdys ir mums, kas ir *mes* turime būti – kaip asmenys ir kaip Bažnyčia. Mes taip pat turime būti ir esame – net jei nenorime – Jo mirties ir Jo Prisikėlimo ženklas, kai esame žudomi dėl Jo. Ačiū Dievui, mūsų tėvynėje šiuo metu kraujas dėl tikėjimo, dėl šventojo katalikų tikėjimo nebesilieja taip, kaip Stalino arba caro laikais. Tačiau krikščionių kraujas šiandien tebeliejamas kitose šalyse. Be to, esame žudomi – nebūtinai kruvinu būdu, – kai esame niekinami viešojoje erdvėje, kai tyčiojamasi iš tikėjimo arba iš konkretaus tikinčio žmogaus jo darbe ar studijose, ar tiesiog jam liudijant Kristų savo gyvenimu. Vyksta tai, kas parašyta psalmėje: „Dėl Tavęs esame žudomi ištisas dienas, kaip vedamos pjauti avys" (plg. Ps 43(44), 23).

Tačiau mumyse reiškiasi ir Prisikėlimas – kiekvieną kartą, kai atleidžiame ir aukojame tas mums padarytas žaizdas už tuos, kurie mus sužeidė, – taip, kaip pats Viešpats Jėzus tą darė. Juk Jis atidavė savo gyvybę už tuos, kurie Jį kankino, už tuos, kurie Jį žudė, ir pirmiausiai už tuos pačius aukštuosius kunigus, už savo mylimą žydų tautą ir už visą naująją Dievo tautą, kurios nariai šiandien esame, kurios nariais buvo tiek daug krikščionių per praėjusius amžius ir dar bus iki Jėzaus sugrįžimo. Atkreipkime dėmesį, kad mirtį įvairiu pavidalu ne tik kiti mums atneša. Mirtį mes ir patys, krikščionys, vieni kitiems atnešame, kai nusidedame vieni prieš kitus, kai nusidedame prieš save, o labiausiai – prieš Dievą, nes nuodėmė yra pati baisiausia mirtis. Tačiau Jėzaus Gailestingumo dėka mumyse vis įvyksta ir Prisikėlimas – per tuos Gailestingumo šaltinius, kurie trykšta Susitaikymo (arba Gailestingumo) sakramente, kurio šaltiniai trykšta taip pat ir šioje bažnyčioje, kad kiekvienas galėtume ateiti ir atgimti iš naujo, atgimti iš aukšto (žr. Jn 3, 3–7) – prisikelti, tiksliau, kad būtume prikelti ir liudytume Viešpaties galybę, Viešpaties Prisikėlimo galybę, veikiančią mumyse.

Dar viena patirtis, į kurią Viešpats mus kviečia per šitą Evangeliją, – tai Marijos pavyzdys. Marija saugojo šituos brangius tepalus iš grynojo nardo, Judo įkainotus 300 denarų (tai beveik visų metų darbo atlyginimas). Tai tikrai labai brangūs tepalai – kvepalai. Marija juos laikė mylimojo Mokytojo laidotuvėms, nes mirusiojo patepimas tokiais tepalais yra paskutinis pagarbos ženklas, paskutinis meilės pareiškimas Tam, kuris dovanoja Šviesą, ateinančią iš aukštybių (plg. Lk 1, 78), – Tėvo Šviesą, Dievo Šviesą, apšviečiančią mus, klaidžiojančius tamsybėse (plg. Iz 9, 1; Mt 4, 16), suteikiančią Ramybės ir pasitikėjimo Dievo Gailestingumu bei gerumu.

Kai Jėzus prikėlė jos mylimą brolį Lozorių, Marija suprato, jog Jėzaus žodžiai, pasakyti jų seseriai Mortai, – „Aš esu prisikėlimas ir gyvenimas" (Jn 11, 25) – yra tiesa, įsikūnijusi jų brolyje, kuris buvo prikeltas, ir kad toji tiesa, be jokios abejonės, trykšta ir pačiame Jėzuje, Jo Švenčiausiajame Kūne. Marijai staiga dingtelėjo, kad Jėzus negali mirti, nes Jis yra amžinasis Žodis, tapęs Kūnu (plg. Jn 1, 14), tad nebeliko prasmės tuos tepalus saugoti Jo laidotuvių dienai. Paprastai egzegetai šitą Evangeliją komentuoja, sakydami, jog tai buvo tarsi išankstinės Jėzaus laidotuvės, bet tikriausiai šiame epizode galima įžvelgti būtent tą nepaprastą, karštą, gilų Marijos tikėjimą, kad Jėzus yra Prisikėlimas ir Gyvenimas, ir kad nebus jokių Jo laidotuvių, nes Jis yra tas Karalių Karalius, kuris turi viešpatauti Izraeliui ir kurio viešpatavimui nebus galo (žr. Lk 1, 33), todėl galima šituos brangius tepalus verčiau išlieti Jam ant kojų ir nušluostyti plaukais. Tai beprotiškos meilės, net ekstravagantiškos meilės ženklas, kuriam mes tikriausiai nesiryžtume... Čia reikia tokios karštos moters meilės, kokia galėjo degti tiktai Marijos širdyje, šitos Marijos širdyje.

Marijos pavyzdys mums rodo, ką ir mes galime padaryti, nors ir neliedami Viešpačiui kažkokios aukos tiesiogine prasme: tas brangus tepalas, kurį *mes* galime išlieti ant Viešpaties kojų, ypač šią Didžiąją savaitę, yra *mūsų laikas*. Gyvename laikais, kai laikas ne tik yra pinigai, bet, kaip sako amerikiečiai, kai laikas yra net brangiau negu pinigai, todėl taip švaistūniškai lieti savo brangų laiką Viešpačiui, kaip jūs darote šį vakarą ir, tikiu, darysite per visą šią savaitę, o ir per visą savo gyvenimą, – tai yra, viską suskaičiuojančio, įvertinančio ir pasveriančio pasaulio akimis žiūrint, tokia pati ekstravagantiška, beprotiška auka, kaip Marijos, kurią geriau buvo galima panaudoti vargšams.

Kita vertus, mes galime būti ne tik kaip Marija, bet ir kaip Judas Iskarijotas, jei imame vertinti, jog per šitą laiką, kurį skiriame šv. Mišioms, adoracijai, Šventojo Rašto skaitymui ar mąstymui, mes galėtume padaryti tą, tą ir aną – net labai svarbių dalykų. Bet iš tiesų tada mes būtume vagys kaip Judas, grobstantys tai, kas iš tikrųjų priklauso vargšų vargšui – Jėzui, kuris dėl mūsų toks tapo ant Kryžiaus (plg. Fil 2, 7; 2 Kor 8, 9). Mes grobstytume tai, kas priklauso Dievui, – nes Dievui priklausome mes patys, tad Dievui turėtų priklausyti ir mūsų širdis bei protas, Jam turėtų priklausyti ir mūsų laikas – ne tik tada, kai esame bažnyčioje, bet ir tada, kai dirbame, kai kenčiame ir džiaugiamės, net kai miegame ir netgi kai nusidedame, – kai nusidėję suvokiame, ką padarę, ir su gailesčiu grįžtame pas Jį, idant atiduotume Jam savo nuodėmę.

Taigi šiandien prašykime malonės, kad kaip Marija nebijotume išlieti – ne savo – *Dievo* laiką – ant Dievo Sūnaus kojų; kad nebijotume numirti, būti nužudyti – taip, kaip Lozorius; ir kad būtume prikelti – prikelti gyventi su Jėzumi jau čia, šiame gyvenime – per Gailestingumo sakramentą, per atleidimą vieni kitiems, per atleidimą sau, kartais net ir per atleidimą Dievui, kurio galbūt negalėjome suteikti, pripažinti Jam per visą savo gyvenimą – taip, taip, gal net išdrįsti pripažinti, kad turime kažką atleisti Dievui... Tai ir būtų tas brangus tepalas, kurio Viešpats tikėtųsi iš mūsų šį vakarą. Prašykime tos malonės, kad būtume tikri Jo mokiniai.

Tikriausiai žinote posakį *fake news* – „netikros naujienos", arba „melagienos". Būna ir *fake disciples* – „netikri mokiniai", koks buvo Judas Iskarijotas. Prašykime malonės, kad būtume apsaugoti nuo tokios nelaimės.

2019 balandis (Didysis pirmadienis)

Trys mokiniai

Sėdėdamas su mokiniais už stalo, Jėzus labai susijaudino ir tarė: „Iš tiesų, iš tiesų sakau jums: vienas iš jūsų išduos mane!" Mokiniai ėmė žvalgytis į kits kitą, spėliodami, kurį jis turįs omenyje.

Vienas mokinys, kurį Jėzus mylėjo, buvo prisiglaudęs prie Jėzaus krūtinės. Simonas Petras pamojo jam ir pašnibždėjo: „Sužinok, apie kurį jis kalba." Šisai, pasilenkęs prie Jėzaus krūtinės, paklausė: „Kas jis, Viešpatie?"

Jėzus atsiliepė: „Tai tas, kuriam padažęs paduosiu kąsnį." Ir, pamirkęs kąsnį dubenyje, jis padavė Judui, Simono Iskarijoto sūnui. Kai šis nurijo kąsnį, įėjo į jį šėtonas.

O Jėzus jam sako: „Ką darai, daryk greičiau!" Nė vienas iš sėdinčių už stalo nesuprato, kodėl jis taip pasakė. Kadangi Judo žinioje buvo kasa, kai kurie pamanė, jog Jėzus jam įsakęs: „Nupirk, ko mums reikia šventei" ar liepęs ką duoti vargšams. Tad anas, nurijęs kąsnį, tuojau išėjo. Buvo naktis. Jam pasišalinus, Jėzus prabilo: „Dabar Žmogaus Sūnus pašlovintas, ir Dievas pašlovintas per jį. O jeigu Dievas pašlovintas

per jį, tai Dievas pašlovins jį pas save – bematant pašlovins."
„Vaikeliai, aš jau nebeilgai būsiu su jumis. Jūs ieškosite manęs, bet sakau jums tą patį, ką esu žydams pasakęs: kur aš einu, jūs negalite eiti..."
Simonas Petras jį paklausė: „Kur eini, Viešpatie?"
Jėzus atsakė: „Kur aš einu, tu dabar negali manęs palydėti, bet vėliau palydėsi."
Petras vėl paklausė: „Viešpatie, kodėl gi negaliu dabar tavęs lydėti? Aš ir gyvybę už tave guldysiu!"
Jėzus atsakė: „Tu guldysi už mane gyvybę? Iš tiesų, iš tiesų sakau tau: dar gaidžiams nepragydus, tu tris kartus manęs išsiginsi!"

Jn 13, 21–33. 36–38

Šį vakarą Evangelijoje girdėjome apie Jėzaus nukryžiavimą Jo Širdyje, Jėzaus Širdies nukryžiavimą, kuris, ko gero, yra skausmingesnis net ir už Jo Kūno nukryžiavimą, nes juk mes pirmiausiai esame dvasinės būtybės, tegu ir kūniškos. Todėl Jėzus ir sako, kad „kūnas nieko neduoda, o dvasia teikia gyvybę" (plg. Jn 6, 63), – kitaip sakant, kūnas vertas tiek, kiek jis yra dvasios indas, dvasios *monstrancija*. Štai kodėl skausmingiausias Jėzaus Širdies nukryžiavimas – tai išdavystė, išdavystė vieno iš tų, kuriuos Jis išsirinko, kuriuos Jis pašaukė eiti paskui save. Vis dėlto nederėtų viso dėmesio sutelkti vien į išdaviką, nes Evangelijoje minimi trys mokiniai, tad ir trys būdai, kaip išgyventi Jėzaus „pašlovinimą" (plg. Jn 12, 23–25) – Jo pasirinkimą mirti dėl mūsų. Tie mokiniai galėtų būti tarsi „kategorijos", į kurias mes tuoj galėtume suskirstyti visą Bažnyčią, visą dvasininkiją, net ir popiežių kur nors priskirti...

Vis dėlto pirmiausiai turėtume pasiklausti Šventosios Dvasios, kokiai kategorijai mes patys tiktume. Gal net ir visoms trims (nors ir ne tuo pačiu metu)? Juk mūsų gyvenime būna ir šv. Petro entuziazmo, ir šv. Jono artumo su Viešpačiu; ko gero, būna ir baisių išdavysčių, tokių kaip Judo.

Kodėl, kai Judas nurijo Jėzaus paduotą kąsnį, įėjo į jį šėtonas? Tai todėl, kad jisai buvo *fake disciple* – „netikras mokinys". Jis priėmė Jėzaus meilės gestą, Jo meilės išraišką – dubenyje padažytą kąsnį (todėl jis galėjo jį priimti tik į burną – taip, kaip mes priimame Šv. Komuniją, – ne ranka). Tai labai intymus gestas – juk ne kiekvienam gali paduoti maistą į burną, o tik brangiam, artimam žmogui – kaip, pavyzdžiui, mama, maitinanti savo vaiką. Taip paduodamas kąsnį, Jėzus tarsi be žodžių sako: „Judai, esi man labai brangus." Tad Judas, jeigu būtų buvęs sąžiningas, būtų turėjęs nepriimti to kąsnio, nes savo širdyje jau buvo apsisprendęs Jėzų išduoti, o priimdamas tą kąsnį jis tarsi sako: „Ir aš Tave, Viešpatie, myliu, Tu man irgi brangus." Toks melas yra baisesnis negu žodžiais pasakytas, nes kai meluojame kūnu, tas melas tampa įkūnytas, regimas, tad daug gilesnis negu vien tiktai ištartas.

Sakyti, kad myli, nors iš tiesų nemyli, yra labiausiai žeidžianti melagystė – tuo labiau, kai toks melas įkūnijamas. Judui šitaip pamelavus, žinoma, jo širdis atsivėrė *melagiui ir melo tėvui* (plg. Jn 8, 44), kur šis dabar gali įsikraustyti ir jaustis kaip savo namuose. Nuo šiol Judas nebėra Šventosios Dvasios šventovė – jis tapo piktosios dvasios buveine (plg. Apr 18, 2)...

Tačiau neskubėkime taip greitai jo nuteisti, nes taip galime kartu nuteisti ir save. Juk ir mes galime būti tokie kaip Judas. Prisiminkime, ką Jėzus sakė Petrui, kai šis išpažino Viešpaties dievystę: „Ne iš savęs tai pasakei, bet mano Tėvas, esantis danguje, tau apreiškė" (plg. Mt 16, 16–17), o vos po kelių akimirkų, kai Petras bando atkalbėti Jėzų nuo Kryžiaus, Jėzus jau sako: „Eik šalin nuo manęs, šėtone, nes tu kalbi nebe Dievo žodžius" (plg. Mt 16, 23). Taip ir mes, Jokūbo laiško žodžiais tariant, „ta pačia burna šloviname Dievą ir keikiame brolius, kurie sukurti pagal Dievo paveikslą ir panašumą" (plg. Jok 3, 9). Taigi nors trumpai, bet tą akimirką mes irgi būname judai, nes tokiu būdu išduodame savo Kūrėją ir Jo mums sukurtąją galią kalbėti, skirtą Jam šlovinti, o ne keikti Jo paveikslą ir panašumą broliuose bei seseryse.

Grįžkime prie mokinių „kategorijų": matėme, kad galime būti kaip Judas, bet galime būti ir kaip Petras – užsidegę, kupini entuziazmo ir, deja, per didelio pasitikėjimo savimi: „Aš ir gyvybę už Tave, Viešpatie, guldysiu!" Tai labai gražus ir įkvepiantis pasiryžimas – norėčiau ir aš taip pasakyti... Esu tikras, kad ir jūs – „Viešpatie, dėl Tavęs aš ir gyvybę guldysiu!" Tačiau vos po kelių valandų Petras Viešpaties išsigins, ir dar tris kartus (plg. Lk 22, 56–61)...

Vis dėlto tarp Petro išdavystės (nes ir tai yra išdavystė, dalykus reikia vadinti tikraisiais vardais) ir Judo išdavystės esama esminio skirtumo: Petras susitiko Jėzaus žvilgsnį, prisiminė Jėzaus žodžius apie savo būsimą išsigynimą ir, išėjęs iš vyriausiojo kunigo kiemo, karčiai pravirko (plg. Lk 22, 61–62). Būtent šitos atgailos ašaros ir išgelbėjo Petrą, o Judas, pamelavęs per Paskutinę vakarienę, paskui dar sykį pamelavo, kai, atvedęs kareivių būrį Jėzui suimti, pabučiavo Viešpatį, sakydamas: „Sveikas, rabi!" (Mt, 26, 49), sveikindamas Jį tarsi draugą, tarsi artimą ir mylimą Mokytoją. Tik Judas, suvokęs, ką padarė, nebedrįso pakelti akių į Viešpatį – pasidavė nevilčiai ir, galutinai užvaldytas to, kuris jau buvo įsikūręs jo širdyje, savo gyvenimą baigė baisia mirtimi.

Tačiau mums – drįstu sakyti, mums visiems, čia susirinkusiems, – šitoje Evangelijoje svarbiausias yra Jono, mylimojo mokinio, pavyzdys, kuris anaiptol nėra pats lengviausias. Petro entuziazmas yra kur kas lengvesnis. Net ir Judo pasiryžimas tam tikra prasme yra lengvesnis, nes jis jau yra apsisprendęs. Tuo metu Jonui lemta sužinoti baisią, kraupią paslaptį – sužinoti, kuris iš mokinių išduos Mokytoją. O juk Jonas buvo ne šiaip koks subtilus, dvasingas vaikinas – truputėlį lepšis, kaip kartais vaizduojama. Anaiptol – jis buvo vienas iš *Boanerges* – jis buvo „griaustinio vaikas" (plg. Mk 3, 17): prisiminkime, kaip jis kartu su savo broliu Jokūbu norėjo padegti Samarijos kaimą, nepriėmusį Mokytojo (žr. Lk 9, 51–56)! Jis buvo Artimųjų Rytų vaikinas – karštakraujis ir karštakošis. Todėl sužinoti iš Mokytojo, kuris iš mokinių Jį išduos, ir nieko nepasakyti Petrui, kuris tikrai nebūtų leidęs Judui išeiti iš menės gyvam, reikėjo didžiulės, net beprotiškos meilės. Tokia meilė gali būti tik iš Dievo – dieviška Meilė, dėl kurios mūsų širdis plaka tuo pačiu ritmu, kaip ir Viešpaties Širdis...

Tik ši Meilė gali mus įkvėpti pasirinkti tai, ką renkasi mūsų Viešpats, – atiduoti savo gyvybę net ir už tuos, kurie Jam meluoja, Jį išduoda. Mes irgi turėtume taip elgtis – ypač šiais laikais, kai tiek daug išdavysčių, kai iš tikrųjų norisi liepti ugniai nužengti iš dangaus ir sudeginti tuos išgamas, siautėti kaip *Boanerges*, kaip „griaustinio vaikai". Tačiau jeigu iš tikrųjų norime būti mylimieji, artimiausieji mokiniai, turėtume prašyti malonės, kad mūsų širdis plaktų vienu ritmu su Viešpaties Širdimi, idant galėtume įžvelgti tai, ko paprastos žmogaus akys nepastebi, – kad galėtume matyti Tėvo planą, Apvaizdos vedimą.

Panašiai nutiko patriarchui Juozapui, parduotam savo brolių į Egipto vergiją ir galiausiai tapusiam jų išgelbėtoju (žr. Pr 45, 5. 7). Mes irgi turėtume taip kentėti, kaip kentėjo šv. Jonas kartu su Viešpačiu tą Jėzaus Širdies nukryžiavimo akimirką, kai jis buvo kartu su Juo ant to dvasinio Kryžiaus. Todėl prašykime šį vakarą, kad ir mes, būdami su Jėzumi čia, prie Jo stalo – to paties, kai „sėdėdamas su mokiniais už stalo, Jėzus labai susijaudino“, – tas baisias, kraupias paslaptis, kurias žinome protu, galėtume priimti ir širdimi – mylimojo mokinio širdimi, priimti taip, kaip pats Jėzus priima tuos išdavikus – kaip priima ir mus – petrus, ne visada jonus, o kartais net ir judus – priimti su Meile ir Gailestingumu. Prašykime tos malonės, kad mokėtume numirti iš Meilės, nes tai ir yra šauniausias vyriškumas, galingiausia jėga ir didžiausia drąsa.

2019 balandis (Didysis antradienis)

Išdavystės kaina

Vienas iš Dvylikos, vardu Judas Iskarijotas, nuėjo pas aukš-tuosius kunigus ir tarė: „Ką man duosite, jeigu jį aš jums išduosiu?" Tie pasiūlė trisdešimt sidabrinių. Ir nuo to meto Judas ieškojo progos išduoti Jėzų.
Pirmąją Neraugintos Duonos dieną mokiniai atėjo pas Jėzų ir paklausė: „Sakyk, kur paruošti tau Velykų vakarienę?"
Jis atsakė: „Eikite į miestą pas tokį žmogų ir sakykite jam: ‚Mokytojas sako: Mano metas jau atėjo. Pas tave valgysiu Velykų vakarienę su savo mokiniais'." Mokiniai padarė, kaip buvo Jėzaus įsakyta, ir paruošė Velykų stalą.
Atėjus vakarui, Jėzus su dvylika mokinių užėmė vietas prie stalo. Pradėjus valgyti, jis tarė: „Iš tiesų sakau jums: vienas iš jūsų mane išduos."
Jie labai nuliūdo ir ėmė už kits kito klausinėti: „Nejaugi aš, Viešpatie?"
Jis atsakė: „Mane išduos dažantis kartu su manim duoną dubenyje. Žmogaus Sūnus, tiesa, eina savo keliu,
kaip apie jį parašyta, bet vargas tam žmogui, kuris išduos

Žmogaus Sūnų. Geriau būtų buvę tam žmogui negimti."
Jo išdavėjas Judas paklausė: „Nejaugi aš, rabi?!"
Jis atsakė: „Taip, tu!"

Mt 26, 14–25

Dievo išrinktojoje tautoje esama tradicijos pasninkauti du kartus per savaitę. Mes apie tai žinome ir iš to, kad fariziejus besimelsdamas giriasi Dievui, jog jis pasninkauja du kartus per savaitę (žr. Lk 18, 12). Šita vyresniųjų mūsų tikėjimo brolių tradicija buvo perimta pirmųjų krikščionių, tad iki pat šių dienų tradiciškai pasninkaujama ne tik penktadieniais, bet ir trečiadieniais, ypač Rytų Bažnyčiose. Katalikų Bažnyčioje šiandien šį paprotį yra išsaugoję gal tiktai griežtesni vienuolynai, o mes visi, žinoma, dar laikomės bent jau Pelenų trečiadienio pasninko.

Kodėl tad dar pasninkaujama būtent trečiadienį? Dėl penktadienio viskas aišku – tai yra mūsų Viešpaties mirties ant Kryžiaus už mūsų nuodėmes, už mūsų išgelbėjimą diena. O trečiadienis krikščionių tradicijoje įprasminamas tuo, kad tai yra Judo išdavystės – dvasinio Jėzaus nukryžiavimo, dvasinio Jėzaus, Jo Širdies prikalimo prie Kryžiaus – diena. Juk toji išdavystė, ko gero, Jėzų sužeidė daug labiau negu vėlesnė fizinė Kančia ant Kryžiaus, patirta kaip tos išdavystės padarinys. Tokia išdavystė yra baisiausia, kas gali įvykti mumyse, žmonėse, sukurtuose pagal Dievo paveikslą ir panašumą (žr. Pr 1, 26–27) – kitaip sakant, sukurtuose, kaip mėgdavo kartoti Motina Teresė, mylėti ir būti mylimiems: išdavystė išniekina Dievo paveikslą ir panašumą tame, kuris išduoda.

Todėl Jėzus ir sako: „Vargas tam žmogui, kuris išduos Žmogaus Sūnų. Geriau būtų buvę tam žmogui negimti." Mes, aišku, tučtuojau galvojame apie Judo kančias, net amžinas, – apie jo likimą pragare, nes tik ten jį matome už tokią nuodėmę. Tačiau objektyviai žiūrint, taigi vargas kiekvienam žmogui, kuris išduoda savo Dievą, savo Kūrėją, nes tokiu būdu jo žmogiškoji prigimtis, sukurta mylėti – būti kaip Dievo, kuris yra Meilė, – visiškai išprievartaujama, išniekinama ir iškraipoma. Juk išdavystė yra absoliuti priešingybė Meilei ir netgi baisesnė už neapykantą, nes prisidengia meile.

Štai Judas priima kąsnį iš Jėzaus rankos (plg. Jn 13, 26–27), tarsi jis tebebūtų Jo artimas bičiulis ir brolis prieš Dievą, nors savo širdyje jau yra apsisprendęs Jėzų išduoti. Taip Judas tampa šėtono, nebe Šventosios Dvasios, buveine. Šita išdavystė iš tikrųjų tapo Judo prakeikimu – tarp žmonių jo vardas virto priežodžiu: „kaip Judas", „kaip Iskarijotas". Kai kas nors pavadinamas Judu, tai atrodo, kad baisesnės nuodėmės nei to žmogaus ir būti negali. Užtenka prisiminti neseną mūsų tautos istoriją, kovotojų už mūsų tėvynės laisvę išdavikus...

Tačiau neskubėkime visą išdavystės svorį sukrauti vien tiktai ant Judo pečių. Jau mūsų pirmieji tėvai, Adomas ir Ieva, išdavė savo Dievą (žr. Pr 3, 1–7). Žinoma, šios išdavystės skiriasi savo svoriu, bet vis dėlto tai irgi buvo baisi išdavystė – išdavystė Meilės, jiems dovanotos Dievo, kai Šis dovanojo jiems visą pasaulį, dovanojo Ievai Adomą ir Adomui Ievą, dovanojo jiems save... O jie nusigręžė nuo Jo ir verčiau pasirinko tą, kuris, pats buvęs Dievo paveikslas ir panašumas pagal savo angeliškąją prigimtį, tapo pačia baisiausia būtybe, nes, kaip lotynų patarlė sako, *corruptio optimi pessima* – sugedimas to, kas yra geriausia, yra blogiausia. Liuciferis juk buvo šviesiausias, nuostabiausias Dievo sukurtas angelas, deja, tapęs pačia baisiausia būtybe...

Žmonės savo šventumu gali pralenkti net aukščiausius angelus – cherubinus ir serafimus, kaip mūsų Motina ir Karalienė Mergelė Marija, bet gali tapti ir vos ne už patį šėtoną baisesni, kaip Judas. Todėl Dievo paveikslo ir panašumo subjaurojimas mūsų prigimtyje, mūsų širdyje ir yra tas objektyvus, drįsčiau pasakyti, *metafizinis* blogis, dėl kurio žmogui geriau net negimti, jau nekalbant, žinoma, apie subjektyvią kančią, jau kankinusią Judą, dar prieš jam pasikariant (žr. Mt 27, 5).

Taigi jau nuo pat pirmųjų mūsų tėvų išdavystė buvo tarsi iš kartos į kartą perduodamas prakeiksmas. Netrukus po pirmųjų tėvų juo prakeiktas buvo Kainas, žiauriai, baisiai išdavęs savo brolį Abelį, jį nužudydamas (žr. Pr 4, 8). Ta išdavystės gija driekiasi per visą žmonijos istoriją iki pat šiandienos – deja, net ir tarp pačių artimiausių Jėzaus draugų – bent jau kurie turėjo tokie būti. Kalbu apie baisybes, išėjusias į dienos šviesą, – dvasininkijos, net pačių aukščiausių Bažnyčios hierarchų, nuodėmes. Tačiau ir kiekvienas iš mūsų esame tokie išdavikai, kai parduodame Jėzų už trisdešimt sidabrinių.

Kas yra tie trisdešimt sidabrinių, palyginti su amžinuoju gyvenimu?.. Prisimenu epizodą – tai irgi yra pasikartojantis Jėzaus ir Judo santykio archetipas – iš šv. Tomo Moro, kuris buvo Anglijos karalystės kancleris, gyvenimo. Jis buvo išduotas savo buvusio mokinio. Už išdavystę šis gavo Velso prokuroro vietą. Paskutiniame savo teisme šv. Tomas Moras, praeidamas pro tą žmogų, pamatė ant jo krūtinės Velso prokuroro ženklą ir paklausė: „Kas čia, ką tu čia turi pasikabinęs?" Tasai pasididžiuodamas atsakė: „Čia Velso prokuroro insignijos!" O Tomas Moras atsiliepė: „Mūsų Viešpats Jėzus sakė, kad vargas tam žmogui, jeigu jis laimėtų ir visą pasaulį, bet savo gyvybės kaina (plg. Mt 16, 26; Lk 9, 25) – savo sielos, savo amžinojo gyvenimo kaina, – o tu parsidavei tik už Velso prokuroro vietą..." Judas parsidavė už dar mažiau – jis parsidavė už trisdešimt sidabrinių.

Kiekvieną kartą, kai mes renkamės tuos daugiau ar mažiau „trisdešimt sidabrinių" ir išduodame Jėzų, Dievo paveikslą mumyse, Jo mums duotą galią mylėti, idant ja augtume, mes niekuo nesiskiriame nuo Judo. Galbūt mastelis daug mažesnis, bet esmė ta pati. Mat tada mes irgi tampame savo žmogiškos prigimties, kuri turėtų būti Dievo paveikslas ir panašumas, prievartautojai ir kraipytojai. Tada, bent jau tą akimirką, būtų galima sakyti, jog geriau man būtų buvę negimti, negu šitaip išduoti Meilę, iš kurios esu kilęs ir į kurią turiu sugrįžti.

Bet ačiū Dievui, kad ta Meilė yra galingesnė už visas mūsų nuodėmes. Vienos viduramžių mistikės užrašytuose dialoguose su jai pasirodžiusiu Jėzumi Jis yra pasakęs: „Tu nežinai, ką mano Gailestingumas yra padaręs net Judui... Negaliu to sakyti, kad žmonės nepiktnaudžiautų mano Gailestingumu." Ši begalinio Jėzaus Gailestingumo paslapties užuomina įkvepia mus Juo pasitikėti, kad ir kokią baisią nuodėmę būtume padarę, nes Dievo Gailestingumas yra didesnis už bet kokią nuodėmę (plg. 1 Jn 3, 19–20). Net Judo nuodėmė galėjo būti atpirkta Jėzaus, jeigu tik jis būtų išdrįsęs pakelti akis į Viešpatį, kaip šv. Petras (žr. Lk 22, 61), jeigu tik būtų apsiverkęs atgailos ašaromis, kaip šis (žr. Mt 26, 75; Mk 14, 72; Lk 22, 62).

Taigi, šį vakarą, kai vėl sėsime už savo širdies stalo valgyti Velykų vakarienės su Viešpačiu (kalbu, žinoma, apie šv. Komuniją), mes irgi galime paklausti Jėzaus kartu su kitais mokiniais: „Nejaugi aš, Viešpatie?" Kokį atsakymą beišgirstume, prisiminkime, kad Jėzaus mirtis nėra paskutinis žodis, nėra paskutinis Dievo žodis, nes Dievo Žodis yra Gyvas – Gyvas amžinai, nes tas Žodis yra Prisikėlimas – ne tik Jėzaus, bet ir mūsų – net ir iš baisiausios dvasinės mirties, kuri yra Meilės išdavimas ir išniekinimas.

2019 balandis (Didysis trečiadienis)

Avinėlio puota

Tai buvo prieš Velykų šventę. Jėzus, žinodamas, jog atėjo metas jam iš šio pasaulio keliauti pas Tėvą, ir mylėdamas savuosius pasaulyje, parodė jiems savo meilę iki galo. Vakarienės metu, kai velnias jau buvo įkvėpęs Judo Iskarijoto širdin sumanymą išduoti jį, žinodamas, kad Tėvas yra visa atidavęs į jo rankas, kad jis išėjęs iš Dievo ir einąs pas Dievą, Jėzus pakyla nuo stalo, nusivelka viršutinius drabužius ir persijuosia rankšluosčiu. Paskui įsipila vandens į praustuvą ir ima mazgoti mokiniams kojas bei šluostyti jas rankšluosčiu, kuriuo buvo persijuosęs.
Taip jis prieina prie Simono Petro. Šis jam sako: „Viešpatie, nejau tu mazgosi man kojas!"
Jėzus jam atsakė: „Tu dabar nesupranti, ką aš darau, bet vėliau suprasi."
Petras atsiliepė: „Tu nemazgosi man kojų per amžius!"
Jėzus jam sako: „Jei tavęs nenuplausiu, neturėsi dalies su manimi."

Tada Simonas Petras sušuko: „Viešpatie, ne tik kojas, bet ir rankas, ir galvą!"
Jėzus į tai atsakė: „Kas išsimaudęs, tam nėra reikalo praustis, nebent kojas nusimazgoti, nes jis visas švarus. Ir jūs esate švarūs, deja, ne visi." Jis mat žinojo apie savo išdavėją ir todėl pasakė: „Jūs ne visi švarūs."
Numazgojęs mokiniams kojas, jis užsivilko drabužius ir, sugrįžęs prie stalo, paklausė: „Ar suprantate, ką jums padariau? Jūs vadinate mane ‚Mokytoju' ir ‚Viešpačiu', ir gerai sakote, nes aš toks ir esu. Jei tad aš – Viešpats ir Mokytojas – numazgojau jums kojas, tai ir jūs turite vieni kitiems kojas mazgoti. Aš jums daviau pavyzdį, kad ir jūs darytumėte, kaip aš jums dariau."

Jn 13, 1–15

„Aš jums daviau pavyzdį, kad ir jūs darytumėte, kaip Aš jums dariau." Tai buvo prieš du tūkstančius metų. O dar dviem tūkstančiais metų anksčiau, prieš keturis tūkstančius metų nuo šiandien, buvo dar kitas kojų mazgojimas – po Mamrės ąžuolu, kai pas Abraomą apsilankė Trejetas (žr. Pr 18, 1–4). Ten nepasakyta, kad Abraomas numazgojo jiems kojas, ten tik pasakyta: „Nusimazgokite kojas" (plg. Pr 18, 4). Tikriausiai tam Trejetui kojas numazgojo Abraomo tarnas, vergas. Sara skubiai užminkė duonos iš trijų saikų miltų, o Abraomas papjovė veršį (žr. Pr 18, 6–7), panašiai kaip tėvas iš Sūnaus palaidūno palyginimo (žr. Lk 15, 23), ir suruošė puotą Trejetui. Už tai gavo pažadą, kad susilauks sūnaus (žr. Pr 18, 10) – to sūnaus, kurį vėliau bus pareikalauta paaukoti Dievui (žr. Pr 22, 1–2).

Praėjus dviem tūkstančiams metų vienas iš Trejybės – Dievas Sūnus – dabar pats mazgoja kojas – ir dar nuolankiau negu Abraomas, kuris greičiausiai savo Svečiams jas numazgojo tik per savo tarną. Patsai Viešpačių Viešpats ir Karalių Karalius (plg. 1 Tim 6, 15; Apr 17, 14) mazgoja kojas savo svečiams, nes tai yra Jėzaus Vakarienė, Karaliaus vestuvių puota, į kurią Jis kviečia savo išrinktuosius. Numazgojo kojas, nes būtent taip Artimuosiuose Rytuose prasideda kiekviena puota. Tokiu būdu Jėzus tarsi byloja: „Sveiki atvykę, jūs esate mano brangiausi svečiai" (ne tik lietuviai sako, kad „svečias į namus – Dievas į namus"...), kelia jiems puotą, ruošia avinėlį, kurį valgydamas Jėzus parodys, kad tikrasis Avinėlis yra Jis pats (plg. Jn 1, 29; 1 Kor 5, 7). Puotos Duona – Jo Kūnas (žr. Mt 26, 26; Mk 14, 22; Lk 22, 19), nes Jėzus yra į žemę krintantis ir apmirštantis Grūdas, taip nešantis daugelio kitų grūdų derlių (žr. Jn 12, 24).

Tie kiti grūdai yra Jo mokiniai – taip pat ir mes visi, čia esantys. Žiūrėkite, kiek mūsų daug! Esame čia, kad iš mūsų būtų sumalta ir užmaišyta duona Dievui, esančiam visų mūsų širdyse, idant mes galėtume vieni kitus arba, tiksliau, Dievą vieni kituose maitinti taip, kaip pats Dievas mus pamaitino savimi per Paskutinę vakarienę.

Jėzus yra tikrasis Grūdas; Jis yra ir tikrasis Vynmedis (žr. Jn 15, 1), nuo kurio Kraujo vyno tą naktį apsvaigo Jo mokiniai (plg. Gg 1, 2. 4; 5, 1b). Tačiau nepamirškime, kad to Vynmedžio šakelės esame mes patys, tad turime nešti vaisių (žr. Jn 15, 5). Esame grūdai, sunokę iš vienintelio tikrojo Grūdo, subrandinti Dievo duonai; esame ir Vynmedžio šakelės, turinčios nešti Meilės vaisių Dievo puotai, idant iš mūsų būtų išspaustas Dievo vynas, kuriuo galėtume Dievą vieni kituose pagirdyti ta Meile, kuria Jis pats mus pagirdė per Paskutinę vakarienę – vienintelio Tikrojo Vynmedžio Krauju.

Kad galėtum dalyvauti šitoje Dievo vakarienėje, Karaliaus vestuvių puotoje (nes tai iš tikrųjų yra Karaliaus vestuvių su savo Nuotaka Bažnyčia, kurios pirmonys yra dvylika apaštalų, puota), turi būti išsimaudęs. Ne kiekvienas gali dalyvauti Dievo aukoje, Dievo puotoje – nes Dievo puota yra ir auka. Idant galėtumei stotis Dievo akivaizdon, turi būti švarus – ritualiai švarus, apvalytas, nesusitepęs, nes kas susitepęs, negali eiti į Dievo šventyklą, negali aukoti aukos Dievui (žr. Sk 19, 20; Ezd 6, 20; Apd 21, 26). Tad ir šitos vestuvių puotos, šitos Avinėlio aukos dalyviai turi būti išmaudyti, švarūs, tyri, pašventinti, kad galėtų iš tikrųjų dalyvauti garbinimo aukoje.

O kas gi nuplauna jų nešvarumus, jų nuodėmes ir padaro juos tyrus bei šventus stotis Dievo akivaizdoje? Tai galingasis Jėzaus žodis, anot Jo paties mokymo per tą pačią Paskutinę vakarienę: „Jūs jau esate švarūs dėl žodžio, kurį jums kalbėjau" (Jn 15, 3). Taigi, kiekvienas, kas klauso Viešpaties žodžio, yra švarus. Tas pats žodis, galingasis Dievo žodis, kas kartą apvalo ir kiekvieną iš mūsų, kai Jėzus per kunigą mums sako: „Aš tave išrišu iš tavo nuodėmių" – kaip ir anuomet, kai tarė: „Tavo nuodėmės tau atleistos. Eik ir daugiau nebenusidėk" (plg. Jn 5, 14; 8, 11; Lk 5, 20). Šitaip ir mes esame išmaudomi Dievo Žodyje, kuris yra patsai Jėzus – Įsikūnijęs Dievo Žodis, Šviesa, atėjusi į pasaulį, ir Jame yra mūsų, žmonių, gyvybė, tikroji ir amžinoji Gyvybė – Meilė (plg. Jn 1, 1–9; 1 Jn 4, 8). Juk žmogus gyvas ne viena duona, bet ir kiekvienu žodžiu, kuris išeina iš Dievo lūpų (žr. Įst 8, 3; Mt 4, 4), – o tiksliau, tuo vieninteliu Žodžiu, išeinančiu net ne iš Dievo lūpų, o iš Jo gelmių, iš Jo Širdies (plg. Jn 1, 18), – Meilės Žodžiu, kurio vardas yra Jėzus Kristus. Tas Galingasis Žodis mus padaro švarius ir tebedaro tokius – per Krikštą, per Gailestingumo sakramentą, per atleidimo malonę.

Tačiau prieš tą Vakarienę Jėzus panorėjo mokiniams dar numazgoti ir kojas, nors tam, „kas išsimaudęs, nėra reikalo praustis, nebent kojas nusimazgoti, nes jis visas švarus". Mes esame nuplauti Avinėlio Krauju (plg. Apr 1, 5; 1 Pt 1, 19) – juo mums nuplaunamos visos mirtinosios nuodėmės, tačiau juk mes taip greitai vėl susitepame nuodėmėmis, tegu ir „lengvomis"... Beje, „lengvos" nuodėmės nėra: kiekviena nuodėmė yra nuodėmė. Kas myli, žino, kad net menkiausias neatidumas, menkiausias meilės trūkumas yra tarsi durklas į širdį – tokios yra ir mūsų neva „lengvos" nuodėmės. Vis dėlto jos nėra „iki mirčiai", kaip sako šv. Jonas savo Pirmajame laiške (žr. 1 Jn 5, 16), todėl dėl jų nebūtina maudytis – užtenka tik kojas nusimazgoti. Tikriausiai žinote, kad pats Eucharistijos priėmimas sunaikina visas mūsų „lengvąsias" nuodėmes – tas, „ne iki mirčiai". Tokiu būdu Jėzus kaskart vis numazgoja mums kojas, kai išsimaudę – priėmę Jo Gailestingumą per Susitaikymo sakramentą – mes artinamės prie Viešpaties stalo.

Jėzus sako: „Aš taip padariau, kad ir jūs vieni kitiems taip darytumėte", – kad ir mes vieni kitiems kojas mazgotume. O tai reiškia – kad vieni kitiems vis atleistume ir atleistume – už visas žaizdas, už visas nuoskaudas, už visus kietus, piktus, šaltus žodžius, idant galėtume vėl būti suvienyti tos pačios duonos laužymo, tos pačios vyno taurės, kurie nebėra duona ir vynas, bet vienas Kristaus Kūnas, kurio nariais tampame, vienas Kristaus Kraujas, kuris teka visomis to Kūno – Bažnyčios – gyslomis, – kuris teka ir per mūsų sužeistą, sužalotą, tačiau ir vėl Jėzaus atleidimo nuplautą ir numazgotą širdį.

Todėl ypač svarbu suprasti, kad kai atleidžiame savo artimui, tai ne tik mes, bet ir pats Jėzus mumyse atleidžia. Būtent taip turime priimti vieni kitų atleidimą: ne kad Ona ar Petras man atleido, bet kad pats Jėzus numazgojo man kojas. Kai mano brolis ar sesuo prašo atleidimo, tada aš mazgoju jam ar jai kojas, kai Jėzaus vardu atleidžiu.

Šitą nepaprastą galią atleisti nuodėmes, kuri taip piktino fariziejus (juk „tik vienas Dievas tegali nuodėmes atleisti" – žr.

Lk 5, 21; Mk 2, 7), iš Jėzaus yra gavę ne vien kunigai. Mes visi esame *karališkoji kunigystė* (žr. 1 Pt 2, 9) – visi be išimties, kurie esame pakrikštyti; todėl, kai atleidžiame vieni kitiems, mumyse veikia ir paties Jėzaus kunigiškoji nuodėmių atleidimo galia, galutinai, žinoma, įvykstanti per Susitaikymo sakramentą, bet taip pat ir priimant Jėzų Eucharistijoje. Be šito neįmanoma tapti duona pasauliui, neįmanoma tapti vynu, meilės vynu ištroškusiesiems ir išalkusiesiems.

Todėl šį vakarą raginu, prašau ir maldauju jūsų – prieš eidami priimti Viešpaties Kūno, Viešpaties Kraujo, atleiskime savo širdyje. Tikrai kiekvienas iš mūsų žinome, kam konkrečiai šį vakarą turime atleisti, kad švarūs, tyri ir nesutepti galėtume dalyvauti Avinėlio puotoje, kuri yra ženklas ir provaizdis, pranašystė ir pažadas amžinosios puotos, mūsų laukiančios dangiškoje Jeruzalėje, ir kuri niekada nesibaigs.

2019 balandis (Didysis ketvirtadienis)

Dievo Galybė ir Dievo Išmintis

Viešpaties Jėzaus Kristaus Kančios Evangelija
(Jn 18, 1–19, 42)

Nepaprastas dalykas ta liturgija, leidžianti mums mistiniu būdu išgyventi tai, kas atrodo seniai praėję ir ką žmonės galėjo seniausiai užmiršti. Klausydami šio Dievo žodžio, mes kartu su Marija, kartu su šv. Jonu iš tikrųjų stovėjome prie Jėzaus Kryžiaus, žvelgėme į pervertąją Avinėlio Širdį, regėjome trykštantį Kraują ir vandenį. Tai yra *dabar*, dieviškasis, amžinasis *dabar*.

Kokia nuostabi Dievo dovana – liturgija! Ji mums davė išgyventi pačią keisčiausią žmonijos, pasaulio ir visatos istorijos dieną. Begalinio skausmo ir kančios dieną – nes nėra buvę ir nebebus didesnės nuodėmės, padarytos žmonių vaikų, kaip tą dieną: Dievo, tapusio žmogumi, atmetimas ir nužudymas. Mes net suvokti negalime, kokia tai beprotiška nuodėmė – nužudyti gyvybės Valdovą, neapkęsti Meilės. Bet sykiu tai ir nepaprasto džiaugsmo diena, nes būtent dėl to, kas įvyko ant Kryžiaus, mes esame išgelbėti iš mirties, esame išgelbėti iš dvasinio faraono vergovės (plg. Iš 12, 29–31), kad paveldėtume amžinąjį gyvenimą (plg. 1 Jn 5, 11), paties Dievo amžinąjį gyvenimą. Ir šios dvi, atrodytų, visiškai nesutaikomos patirtys šiandien yra suleidusios šaknis mūsų širdyse: nepaprastas skausmas dėl to, ką mes patys padarėme, ir nepaprastas džiaugsmas dėl to, ką Dievas iš to padarė. Šiandien mums atsivėrė vartai į Tėvo Širdį, į Dievo gelmes (plg. Jn 1, 18). Šiandien mes vėl galime įeiti į Edeną (plg. Pr 2, 8) – į naująjį Edeną, nepalyginti nuostabesnį už pirmąjį, – įeiti į Tėvo regėjimą. „Kas manę mato – mato Tėvą" (Jn 14, 9), – sakė Jėzus per Paskutinę vakarienę, dar vakar. Šiandien, žvelgdami į Jėzų ant Kryžiaus kontempliatyviu Marijos žvilgsniu, mes regime Tėvą, Tėvo Meilę, trykštančią mums iš Jo gelmių, Meilę, kuri yra Šventoji Dvasia (plg. Jn 7, 35), Meilę, kuri pasiekia kiekvieną mūsų apmirusio, išdžiūvusio, sutemusio gyvenimo vietą ir ten atneša gyvybę, atneša šviesą, šilumą, meilę, ramybę ir paguodą. Šventoji Dvasia šiandien ištryško iš Jėzaus Širdies, šiandien čia – pirmosios Sekminės. Juk Jėzus yra tikroji, ne rankų darbo, Šventovė (plg. Jn 2, 21; Žyd 9, 24), kurioje gyvena pati dievystės pilnatvė. „Kristuje kūniškai gyvena visa dievystės pilnatvė" (Kol 2, 9), – taip sako Apaštalas. Ir atvėrus šios Šventovės dešinįjį šoną (plg. Ez 47, 1; Apr 22, 1), iš jos trykšta Dievo artuma, iš jos trykšta Šventoji Dvasia. Trykšta į pasaulį, kad jį prikeltų iš mirties, kad jį, subjaurotą nuodėmės, apvalytų.

Tas Jėzaus Kūnas, prikaltas prie Kryžiaus, Jėzaus Širdis, perverta ietimi, yra Bažnyčia, nes Bažnyčia – mistinis, vadinasi, tikrasis Kristaus Kūnas (plg. 1 Kor 12, 13). Kiekvienas iš mūsų, jeigu iš tikrųjų esame Kristaus Kūno narys, esame prikalti su Jėzumi prie Kryžiaus, o mūsų širdis kartu su Jėzaus Širdimi yra perverta. Vadinasi, ir iš mūsų, kaip iš Jėzaus, turi trykšti Šventoji Dvasia, Meilės Dvasia. Tada, užuot dauginę nuodėmes šiame pasaulyje, leidžiame Dievo Dvasiai per mus jas valyti, jas naikinti (plg. Jn 1, 29). Mūsų žaizdos, jeigu esame tikri Kristaus mokiniai, nebėra mūsų žaizdos – jos nuo šiol yra Jėzaus žaizdos, jos neša nebe mirtį, bet gyvybę. Kiekvieną kartą, kai esame sužeidžiami, mes dažniausiai pasielgiame kaip Ievos vaikai: mes atsakome dantimi už dantį ir akimi už akį (plg. Iš 21, 24; Mt 5, 38), ar net dviem akimis už akį ir dviem dantimis už dantį; tačiau jei esame naujojo Adomo ir naujosios Ievos vaikai, mes už blogį atsimokame geru (plg. Rom 12, 21), už neapykantą – meile, kuri yra ne mūsų meilė, bet paties Dievo Meilė, kuri yra Šventoji Dvasia.

Todėl prašykime šitos malonės vieni kitiems, prašykime jos visai Bažnyčiai, kad iš tikrųjų būtume Kristaus Kūnas: apspjaudytas, nuplaktas, prikaltas prie Kryžiaus, tačiau trykštantis Šventąja Dvasia tiems, kurie nežino, ką daro (plg. Lk 23, 34), tiems, kurie spjaudo, kurie plaka, kurie kala prie kryžiaus, – kad ir jie būtų išgydyti Jėzaus žaizdomis (plg. 1 Pt 2, 24). Ir kad mūsų džiaugsmas būtų tobulas (plg. 1 Jn 1, 4), džiaugsmas dėl to, kad kas buvo prarasta ir pražuvę, – atsirado ir sugrįžo (plg. Lk 15, 5–7. 9–10. 32), kad pasaulis šiandien per Kristaus Kryžių grįžta į Tėvo glėbį, grįžta į Tėvo Širdį, grįžta, kad būtų išgelbėtas ir kad gyventų amžinai, Tėvo namuose, Tėvo Meilėje, kuri yra Šventoji Dvasia.

2010 balandis (Didysis penktadienis)

IV Pjūtis jau boluoja!

Jis tikrai prisikėlė!

Pirmąją savaitės dieną, rytui brėkštant, moterys atėjo prie kapo, nešdamosi paruoštus tepalus. Jos rado akmenį nuritintą nuo kapo, o įėjusios vidun, neberado Viešpaties Jėzaus kūno. Jos sutriko ir nežinojo, ką daryti, bet štai prisiartino du vyrai spindinčiais drabužiais. Moterys išsigando ir nuleido žemyn akis, o tie vyrai prabilo: „Kam ieškote gyvojo tarp mirusiųjų? Nėra jo čia, jis prisikėlė! Atsiminkite, ką jis yra jums sakęs, būdamas Galilėjoje: ‚Žmogaus Sūnus turi būti atiduotas į nusidėjėlių rankas ir nukryžiuotas, o trečią dieną prisikelti!'"
Tuomet jos prisiminė Jėzaus žodžius.
Moterys sugrįžo nuo kapo ir viską pranešė Vienuolikai ir visiems kitiems. Tai buvo Marija Magdalietė, Joana, Jokūbo motina Marija; jos ir jų draugės papasakojo tai apaštalams. Tas pranešimas jiems pasirodė esąs tuščios šnekos, ir jie moterimis netikėjo.
Vis dėlto Petras pašokęs nubėgo prie kapo. Žvilgtelėjo pasilenkęs ir mato tiktai drobules. Jis grįžo atgal, be galo stebėdamasis tuo, kas buvo atsitikę.

Lk 24, 1–12

Nuo seniausių laikų, dar nuo pirmųjų mūsų tikėjimo amžių, krikščionys kiekvieno sekmadienio išvakarėse rinkdavosi budėti ir laukti, bene sugrįš Viešpats, kaip žadėjęs. Taip iki pat mūsų dienų yra išlikusi tradicija nakties maldos metu budėti ir laukti Viešpaties sugrįžimo, o visų budėjimų, visų *Vigilijų Motina* yra ši naktis, kai mes, kaip patys pirmieji krikščionys, kaip visos prieš mus buvusios ir po mūsų tikriausiai dar būsiančios kartos, budime ir laukiame Viešpaties. Ir Jis iš tiesų ateina – visų pirma savo žodyje, pranašų žodyje, kurį girdėjome visuose šio velykinio budėjimo skaitiniuose. Krikščionys, klausydamiesi tų žodžių, Dievo žodžių, perduotų iš kartos į kartą Dievo išrinktojoje tautoje, tikėjimo šviesoje gebėjo įžvelgti, atpažinti nuostabiausią įsikūnijusio Dievo darbą, atliktą dėl mūsų visų.

Pačiame pirmame šio vakaro skaitinyje iš Pradžios knygos (žr. Pr 1, 1–2, 2) girdėjome apie tai, kaip Dievas, sukūręs pasaulį, sukūręs nuostabiausią savo šedevrą – vyrą ir moterį, septintąją – šabo – dieną ilsėjosi po visų savo darbų. Krikščionių tauta savo velykiniu tikėjimu atpažino, jog taip buvo pranašaujama apie Jėzaus atkurtąją naująją žmoniją – naująjį Adomą ir naująją Ievą. Po tokio naujojo kūrimo darbo Jam irgi telieka tik ilsėtis – ilsėtis per tą didįjį šabą Kape, kurį ką tik baigėme švęsti.

Antrasis skaitinys (žr. Pr 22, 1–18) mums kalbėjo apie Izaoką, mylimąjį Abraomo sūnų, kuris buvo išsaugotas tėvui, idant kitas – mylimasis tikrojo Tėvo Sūnus – vietoj jo būtų paaukotas, – tas tikrasis Avinėlis, kurio Krauju yra nuplaunamos mūsų nuodėmės (plg. 1 Pt 1, 18–19; Apr 1, 5).

Trečiajame skaitinyje (žr. Iš 14, 15–15, 1) girdėjome apie Mozę, kuris buvo tik provaizdis ir pranašystė tikrojo Mozės – mūsų Viešpaties Jėzaus, vedančio mus iš dar baisesnės vergovės – iš dvasinio Egipto ir dvasinio faraono vergijos – į laisvę. Taip, kaip Raudonosios jūros vanduo nuskandino faraono kariuomenę, taip ir Jėzaus Krikštas, ženklinantis Jo išganingą mirtį, nuplauna visas mūsų nuodėmes ir nuskandina visus mūsų sielos dvasinius persekiotojus.

Ketvirtasis skaitinys (žr. Iz 54, 5–14) bylojo apie Viešpaties – Sutuoktinio – Gailestingąją Meilę ir atleidimą mums, Jo tautai – neištikimajai Sutuoktinei. Ir ši pranašystė visiškai išsipildė ant Kryžiaus.

Penktasis skaitinys (žr. Iz 55, 1–11) mums kalbėjo apie nepaprastai veiksmingą Dievo Žodį, kuris, išėjęs iš Dievo lūpų, nesugrįžta bergždžias, bet įvykdo, ko Dievas nori ir atlieka, kam siųstas, – neša sėklą sėjėjui ir duoną valgytojui. Tas Žodis, žinoma, yra amžinasis Tėvo Žodis, įsikūnijęs Žodis, atlikęs tai, ko Tėvo Širdis troško, – išgelbėjęs mus ir sugrąžinęs mus Jam.

Šeštasis skaitinys iš Barucho knygos (žr. Bar 3, 9–15. 32–4, 4) mums rodė Išmintį – įsikūnijusią Išmintį, apsireiškusią visu savo grožiu ir spindesiu ant Kryžiaus – ten, kur žydams Ji buvo papiktinimas, o graikams – kvailystė (plg. 1 Kor 1, 23). Toji įsikūnijusi Išmintis per Kryžių atsiskleidė mums kaip Dievo Galybė ir Dievo Išmintis (plg. 1 Kor 1, 18. 23-24).

Pranašas Ezekielis septintajame skaitinyje (žr. Ez 36, 16–17a. 18–28) žadėjo, kad mums bus įdėta nauja širdis ir nauja dvasia: nebebus mūsų krūtinėje akmeninės širdies, bet bus kūniška širdis, tokia, kaip mylimojo Sūnaus.

Visa tai išsipildo šią nepaprastą naktį, kai Viešpats prisikelia ir suvienija mus, – tai girdėjome aštuntajame skaitinyje iš apaštalo Pauliaus laiško (Rom 6, 3–11), – idant mes, susivieniję su Juo mirtyje, taptume, būtume viena su Juo ir Prisikėlime.

Ir galiausiai nuostabiausia žinia – visada nauja, niekada ta pati – ne sena, o nauja, Gera Žinia, – kad Jėzus prisikėlė! Štai šita Žinia – kokie mes bebūtume *angių išperos* (plg. Lk 3, 7; Mt 12, 34), kokie bjaurūs nusidėjėliai, kad ir kokių skandalų būtų

Bažnyčioje, – yra tas esminis dalykas, kuris keičia absoliučiai viską. Todėl mūsų asmeninis santykis – tikėjimo, vilties, meilės ir pasitikėjimo santykis – su *prisikėlusiuoju* Viešpačiu sutvirtina mus ir daro nepajudinamus, kad ir kas benutiktų: žemė drebėtų ar kalnai griūtų į jūrų gelmę (plg. Ps 46, 3). Tai, kad Jėzus yra prisikėlęs, mums laiduoja, jog nuo šiol amžinasis gyvenimas mums yra vėl atviras. Todėl kad ir kas ką bedarytų Bažnyčioje ar už jos ribų, – *mano Viešpats yra gyvas, ir aš būsiu gyvas su Juo*. Tegul mūsų širdys šį vakarą, šią šventą naktį esti plačiai atvertos šiai nuostabiai žiniai.

Velyknakčio apeigų ypatinga malonė yra ta, kad savo akimis galime regėti atgimimą iš aukštybių (plg. Jn 3, 3–7) žmonių, kurie įtikėjo, kurie nori tapti Dievo šeimos nariais, kaip ir mes visi. Tai gyvas priminimas kiekvieno iš mūsų Krikšto, nes absoliuti dauguma tikriausiai neprisimename šito savo naujojo atgimimo (bent jau aš neatsimenu, nes buvau kūdikis...). Todėl, matydami šį naująjį atgimimą, prisiminkime, jog tai su kiekvienu iš mūsų jau yra įvykę, o šią Velykų naktį bus vėl sudabartinama, kai atnaujinsime savo Krikšto pažadus, darkart išsižadėsime piktosios dvasios ir jos vergystės. Mes visi vėl iš naujo išpažinsime Trejybinį Dievą – Tėvą, Sūnų ir Šventąją Dvasią, kuris mus taip pamilo, jog dėl mūsų atsiuntė Sūnų (plg. Jn 3, 16), būsime apšlakstyti šventu vandeniu, kuris mums primins, jog esame mirę – mirę nuodėmei, kad gyventume teisumui, kad gyventume šventumui (plg. Rom 6, 19; 1 Pt 2, 24), kad gyventume Dievui.

Ir nesvarbu, kas ką sakys, kad žmonės juoksis, šaipysis iš mūsų, mus persekios, kankins ir gal net nužudys, kaip daugybę mūsų brolių ir seserų iki mūsų, kaip daugybei mūsų brolių bei seserų visame plačiajame pasaulyje nutinka šiandien, kaip tai dar tikrai tęsis iki pat pasaulio pabaigos. Nesvarbu. Kartu su šv. Mikalojumi tarkime: „Net jeigu ir liksiu vienintelis krikščionis šiame pasaulyje, Jėzau, aš vis tiek Tave tikėsiu, vis tiek Tave mylėsiu!"

Tegul toji Velyknakčio ugnis, kuri liepsnojo vienuolyno sode, priminusiame mums apie tą kitą sodą, iš kurio Kapo prisikėlė Viešpats (plg. Jn 19, 41), tegul toji Tikėjimo, Vilties ir Meilės ugnis nuolat liepsnoja mūsų širdy, kuri jau nebėra kapas. Nuo šiol ji yra Švč. Trejybės šventovė, mūsų Viešpaties Jėzaus Kristaus amžinasis sostas, iš kurio trykšta Gyvybės Vandens upė – Šventoji Dvasia (plg. Apr 22, 1) – Tėvo Gailestingoji Meilė, idant palaistytų mūsų išdžiūvusį, apmirusį, sutemusį pasaulį, idant prikeltų ir jį taip, kaip prikėlė mus su Kristumi, – amžinajam gyvenimui.

Kristus prisikėlė, aleliuja!

2019 balandis (Velyknaktis)

Tuščio Kapo ženklas

Pirmąją savaitės dieną, labai anksti, dar neišaušus, Marija Magdalietė atėjo pas kapą ir pamatė, kad akmuo nuverstas nuo rūsio angos. Ji nubėgo pas Simoną Petrą ir kitą mokinį, kurį Jėzus mylėjo, ir pranešė jiems: „Paėmė Viešpatį iš kapo, ir mes nežinome, kur jį padėjo."
Petras ir tas kitas mokinys nuskubėjo prie kapo. Bėgo abu kartu, bet tasai kitas mokinys pralenkė Petrą ir pirmas pasiekė kapo rūsį. Pasilenkęs jis mato numestas drobules, tačiau į vidų nėjo.
Netrukus iš paskos atbėgo ir Simonas Petras. Jis įėjo į rūsį ir mato numestas drobules ir skarą, buvusią ant Jėzaus galvos, ne su drobulėmis numestą, bet suvyniotą atskirai. Tuomet įėjo ir kitas mokinys, kuris pirmas buvo atbėgęs prie kapo. Jis pamatė ir įtikėjo. Mat jie dar nebuvo supratę Rašto, kad jis turėsiąs prisikelti iš numirusių.

Jn 20, 1–9

Švenčiame pačią didžiausią ir pačią svarbiausią krikščionių šventę. Pati svarbiausia ir didžiausia mūsų šventė nėra šv. Kalėdos, kaip kartais galvojama, bet Įsikūnijusiojo per Kalėdas Prisikėlimas, atveriantis mums amžinybės vartus. Ši diena – tai Tėvo nuostabiosios Meilės šedevro minėjimas, kai Jis savo Bučiniu (toks yra vienas iš Šventosios Dvasios vardų) pabučiavo savo Sūnų, kentėjusį dėl mūsų, mirusį dėl mūsų, paguldytą į Kapą dėl mūsų. Tas Tėvo Bučinys – Šventoji Dvasia, Meilės Dvasia – yra tokia galinga, kad Jį prikėlė – Jo nukankintą, nuplaktą, apspjaudytą, pervertą Kūną, – prikėlė naujam gyvenimui, kuris niekada nesibaigia, prikėlė, kad būtų mums žiburys ir kad šviestų kelią per mūsų gyvenimo tamsybes, nuodėmės ir blogio tamsybes, per mirties tamsybes į Šviesos tėvynę, į amžinojo Tėvo namus, į dangiškąją Jeruzalę.

Šio Tėvo Meilės šedevro ženklas yra tuščias Kapas. Mes šiandien Evangelijoje girdėjome, kaip skirtingai trys Jėzaus mokiniai reaguoja į šitą ženklą. Pirmasis mokinys, tiksliau, mokinė, vadinama *apaštalų apaštale*, pirmoji paskelbė apie Viešpaties Prisikėlimą kitiems mokiniams – tik paskelbė ne visai tai, ką turėjo. Ji, pamačiusi, kad akmuo nuverstas nuo rūsio angos, net neužėjo į jį; išsigandusi ir savaip supratusi (kaip ir mes dažnai ką nors pamatę, ypač išsigandę, savaip interpretuojame, net nepasižiūrėję iš arčiau) ji nubėgo pas Simoną Petrą ir kitą mokinį ir pasakė (tarsi jau *žinotų*, kas iš tikrųjų įvyko...): „Paėmė Viešpatį iš Kapo, ir mes nežinome, kur Jį padėjo!" Amžiaus vagystė – pagrobė Viešpaties Kūną!

Mes, kaip ir Magdalietė, taip pat esame linkę greitai ir netgi naiviai reaguoti į ženklus savo gyvenime, ženklus, mums skelbiančius nepaprastą Dievo Meilę, nepaprastą Dievo rūpestį mumis, nepaprastą mūsų išaukštinimą, per kuriuos mums dovanojamas dieviškasis gyvenimas... O mes priimame tai kaip nors banaliai, kasdieniškai – „eilinė vagystė", „apiplėšimas"... Taip žmogiška!

Paskui matome kitų dviejų mokinių – vyriausiojo ir mylimiausiojo – reakciją. Jie bėgte bėga patikrinti šitos naujienos ir užeina į Kapo rūsį. Iš lietuviško Šventojo Rašto vertimo nelabai tesuprasi, ką jie ten pamatė: „Drobules ir suvyniotą skarą." O iš tikrųjų tai, ką jie išvydo, buvo kažkas nepaprasta: drobulės nebuvo išvyniotos – kaip Jėzus buvo į jas suvyniotas, *sutvarstytas* (panašiai kaip Egipto mumijos), jos visos taip ir nusėdo savo vietoje, tarsi Jėzaus Kūnas būtų jose ištirpęs, išgaravęs, dingęs. Petras mato tai ir nesupranta, kaip taip buvo galima pavogti, – ar čia kažkokia nauja technologija?.. O paskui į tą patį Kapo rūsį su nuristu akmeniu įžengia mylimasis mokinys – „jis pamatė ir įtikėjo".

Tas pats ženklas – tuščias Kapas, – o reakcijos visiškai skirtingos. Mat mūsų suvokimas, supratimas apie kokį nors įvykį labai priklauso nuo mūsų mentaliteto, nuo mūsų požiūrio, lūkesčių, mūsų vilčių ir mūsų baimių. Ir tik tas, kuris buvo ypatingai mylimas Jėzaus, – mylimasis mokinys Jonas – sugeba interpretuoti, suprasti ženklą taip, ką jis iš tikrųjų reiškia: kad Kristaus Kūno nebėra ne todėl, kad Kapą apiplėšė, ne todėl, kad Jį pavogė, panaudodami pačias naujausias technologijas, bet todėl, kad Jis prisikėlė, kad Jis buvo pabučiuotas Tėvo Jo Meilės Bučiniu – Šventąja Dvasia. Ir kad nuo šiol Jis yra gyvas, kaip ir žadėjo: „Aš Esu Prisikėlimas ir Gyvenimas. Kas tiki mane, neragaus mirties per amžius!" (žr. Jn 11, 25-26).

Jonas įtikėjo ne tik pirmąją šito Jėzaus skelbimo dalį, kad Jis tikrai esąs Prisikėlimas ir Gyvenimas, – jis įtikėjo ir antrąją dalį: „Kas tiki mane, nors ir numirtų, bus gyvas ir gyvens per amžius!" Štai ką reiškia laužomos duonos ženklas, kurį mes matome savo akimis per kiekvieną Eucharistiją. Taip, mes irgi galime labai skirtingai interpretuoti: kad tai banali, nieko ypatingo neturinti krikščionių apeiga (didelė dalis krikščionių, XVI a. atskilusių nuo

Katalikų Bažnyčios, taip šiandien ir tebesako – „tai tiktai simbolis, ten nieko nėra"); arba kad tai graži, prasminga, gili tradicija, bet nieko daugiau. Tačiau mes, žinodami tikėjimu, kaip esame mylimi Dievo, Eucharistijoje galime įžvelgti Prisikėlimo ženklą – ne tik Jėzaus Prisikėlimo, bet ir mūsų prikėlimo ženklą.

O ką gi reiškia tas mūsų prikėlimas? Ką reiškia *Jėzaus* Prisikėlimas, mums aišku: Jėzus prikeltas ir daugiau nebemiršta, Jis gyvas per amžius (plg. Rom 6, 9). Bet ką reiškia *mūsų* prikėlimas? Ar tai įvyks tiktai laikų pabaigoje, kai mes mirsime, daugybę amžių pragulėsime kape, iš mūsų liks tik dulkės, paskui iš tų dulkių kažkaip nesuprantamai ir stebuklingai pakilsime, ir tada jau vėl gyvensime su Jėzumi? Ne, Prisikėlimas, mūsų prikėlimas įvyksta jau *čia* ir *dabar*, ir kiekvieną dieną, nes tai nėra vieną kartą visiems laikams įvykęs prikėlimas.

Kiekvienas esminis mūsų gyvenimo pasirinkimas turi būti nuolat atnaujinamas. Mūsų santuokos priesaika turi būti atnaujinama kasdien: kai iš ryto atsibundate šalia savo vyro, žmonos, pirmas dalykas, kurį reikia padaryti – tai atnaujinti santuokos priesaiką, – ir tada nebus jokių skyrybų. Pirmas dalykas, kurį vienuolis turi padaryti atsibudęs – tai atnaujinti savo įžadus Viešpačiui – neturto, skaistumo ir klusnumo, – ir tada jis iš tikrųjų bus neturtingas, skaistus ir klusnus. Pirmas dalykas, kurį kunigas turi padaryti atsibudęs – tai prisiminti pažadą, duotą vyskupo akivaizdoje savo šventimų dieną, kad tikės tuo, ką skelbs, ir gyvens tuo, ką tikės, ir tada nebus jokių skandalų Bažnyčioje. Taip svarbu tą prikėlimo dovaną nuolat išgyventi – ne vieną kartą, bet *nuolat*! Ji turi išsipildyti mumyse taip, kaip girdėjome antrajame skaitinyje iš Laiško korintiečiams: „Išmeskite senąjį raugą" (1 Kor 5, 6), – idant mūsų širdis taptų nerauginta duona – paprasta, be kompleksų, be jokių išsikraipymų, kad ji nebūtų *deformuota*.

Net ir per šv. Velykų Mišias mes štai taip *deformuotai* galime nužiūrinėti kaimyną, kritikuoti, bambėti, būti nepatenkinti: tas negerai, šitas ir dar anas negerai... Ir nebus nei mūsų akyse, nei širdyse to Prisikėlimo, nes smirdėsime senuoju nuodėmės raugu ir toliau lindėsime kape, nors Viešpats kviečia mus keltis kartu su Juo naujam gyvenimui – tyram, paprastam Dievo vaiko gyvenimui. Pažiūrėkime, kokie vaikai yra paprasti, kokie jie nekomplikuoti... Mes irgi turime tapti tokie paprasti, kaip tie vaikai, nes tik vaikai įeis į dangaus Karalystę (plg. Mt 18, 3) – tą Prisikėlimo, Šviesos ir Meilės Karalystę, kuri išsipildys ne kažkada laikų pabaigoje, bet skleidžiasi jau dabar, *čia* ir *dabar*, – tereikia išmesti tą senąjį raugą (plg. 1 Kor 5, 6). Šiandien, čia pat, per šitas šv. Mišias galime nuspręsti: „Viskas, baigta, nebebūsiu mirties skelbėjas – būsiu Prisikėlimo skelbėjas, liudysiu gyvybę, Dievo Gyvybę, kuri yra Jo Meilė manyje, – savo gyvenimu, ir pirmiausia tiems, su kuriais yra sunkiausia: artimiesiems, šeimai, vaikams, sutuoktiniui, tėvams." Tada tas Prisikėlimas, kurį minime, apie kurį girdėjome Evangelijoje, kurį patirsime per Eucharistiją ir kurį priimsime į širdį, tikrai pakeis ir mūsų gyvenimus. Mes tikrai būsime *Prisikėlimo žmonės*.

Tada išeisime į šitą apniukusį miestą, ir jis visas nušvis šviesa, sklindančia iš mūsų širdies, – neregimąja Šviesa (plg. 1 Tim 6, 16), kuri visa perkeičia. Pirmiausiai – mūsų pačių žvilgsnį: į pasaulį, į artimą, į save, į patį Dievą. Tada matysime Jį nebe kaip kažkokį *super ego*, tironą, kurio reikia bijoti, nes kitaip gali blogai baigtis, bet kaip mylintį Tėvą, tokį, koks mūsų tėtis niekada nebuvo nė iš tolo, – toks mylintis, geras ir gailestingas, koks gali būti tik mūsų tikrasis Tėvas.

Prašykime šitos malonės Švč. Mergelės Marijos, kuri, nors nepaminėta šitoje Evangelijoje, turėjo patį giliausią, stipriausią, galingiausią tikėjimą ir dėl to iš karto atsidūrė Dievo Karalystėje – čia ir dabar, mūsų tarpe, mokinių tarpe, – nes Ji buvo Bažnyčios, Avinėlio Nuotakos, mistinio Kristaus Kūno pirmienos. Ji pati buvo pats pirmasis Kristaus Prisikėlimo, išsipildžiusio Jos Širdyje, Jos gyvenime, vaisius. Prašykimės būti Jos vaikais, idant būtume Jėzaus vaikai, kad šiame pasaulyje būtume tuo, ką reiškia mūsų vardas „krikščionys", – *Kristumi*.

Kristus prisikėlė, aleliuja!

2019 balandis (šv. Velykos)

Ramybė jums!

Pirmosios savaitės dienos vakare, durims, kur buvo susirinkę mokiniai, dėl žydų baimės esant užrakintoms, atėjo Jėzus, atsistojo viduryje ir tarė: „Ramybė jums!" Tai pasakęs, jis parodė jiems rankas ir šoną. Mokiniai nudžiugo, išvydę Viešpatį.
O Jėzus vėl tarė: „Ramybė jums! Kaip mane siuntė Tėvas, taip ir aš jus siunčiu." Tai pasakęs, jis kvėpė į juos ir tarė: „Imkite Šventąją Dvasią. Kam atleisite nuodėmes, tiems jos bus atleistos, o kam sulaikysite, – sulaikytos."
Vieno iš dvylikos, – Tomo, vadinamo Dvyniu, – nebuvo jų tarpe, kai Jėzus buvo atėjęs. Taigi kiti mokiniai jam kalbėjo: „Mes matėme Viešpatį!"
O jis jiems pasakė: „Jeigu aš nepamatysiu jo rankose vinių dūrio ir neįdėsiu piršto į vinių vietą, ir jeigu ranka nepaliesiu jo šono – netikėsiu."
Po aštuonių dienų mokiniai vėl buvo kambaryje, ir Tomas su jais. Jėzus atėjo, durims esant užrakintoms, atsistojo viduryje

ir prabilo: „Ramybė jums!" Paskui kreipėsi į Tomą: „Pridėk čia pirštą ir apžiūrėk mano rankas. Pakelk ranką ir paliesk mano šoną; jau nebebūk netikintis – būk tikintis." Tomas sušuko: „Mano Viešpats ir mano Dievas!"Jėzus jam ir sako:
„Tu įtikėjai, nes pamatei. Palaiminti, kurie tiki nematę!"
Savo mokinių akivaizdoje Jėzus padarė dar daugel kitų stebuklų, kurie nesurašyti šitoje knygoje. O šitie yra surašyti, kad tikėtumėte, jog Jėzus yra Mesijas, Dievo Sūnus, ir tikėdami vardan jo turėtumėte gyvenimą.

Jn 20, 19–31

Aštuntąją dieną po Viešpaties Prisikėlimo, aštuonias dienas šventę kaip vieną, niekad nesibaigiančią, Viešpaties Prisikėlimo dieną, kartu su evangelistu prisimename tą pirmosios savaitės dienos vakarą, kai mokiniai vis dar buvo išsigandę, apimti žydų baimės. „Žydais" Šv. Jono Evangelijoje visada įvardijami netikėjusieji, kad Jėzus yra Mesijas. Taigi, išsigandę netikinčiųjų, mokiniai užsirakinę drebėjo. Ir štai ateina Jėzus, durims esant užrakintoms, esant užrakintoms ir mokinių širdims – užrakintoms baimės, nes niekas taip neužblokuoja, neužmūrija ir neužspaudžia mūsų širdies, kaip baimė. Šėtonas tą puikiai žino, užtat ir nori mums įvaryti kuo klaikesnę baimę, kad tik neatsivertume Dievo malonei, neatsivertume Jėzui. Vis dėlto, nepaisant visų užraktų – ir durų, ir širdžių, – Jėzus ateina į vidurį ir taria: „Ramybė jums!"

Ką tai reiškia? Galėtume pasakyti, kad tai tiesiog paprasčiausias žydų *šalom* – mat jie, kai sveikinasi, sako ne „sveikas", bet „ramybė" – *šalom*. Atrodytų, atėjo ir tiesiog kasdieniškai pasisveikino... Tačiau Jėzaus žodis, net ir toks (mūsų požiūriu) kasdieniškas, kaip visada, turi gilesnę prasmę. „Ramybė" – tai reiškia, kad nuo šiol jums, mano mokiniams, „mano broliams", kaip Jis įvardijo moterims, pirmosioms išvydusioms Prisikėlusįjį (žr. Mt 28, 10), nuo šiol nebėra ko nerimauti. Kas gi nerimauja? Aš nerimauju, ir jūs nerimaujate – tada, kai nusidedame. Kai nusidedame, mus apninka nerimas ir baimė dėl to, ką padarėme, ir galvojame – „kas dabar bus?!" Geriausiu atveju – kas bus tam, kuriam iškrėtėme šunybę? – čia dar gana altruistiškas nerimavimas... Blogiausiu atveju, mes nerimaujame dėl savo kailio: kas dabar bus man, ne tik šiame pasaulyje, bet ir amžinajame? *Kas dabar bus?* Nerimas yra nuodėmės padarinys, o mokiniai yra stipriai nusidėję. Juk jie paliko savo Viešpatį ir Mokytoją (žr. Mt 26, 56; Mk 14, 50–52) – nors tiktai Petras išsigynė (žr. Mt 26, 69–75; Mk 14, 66–72; Lk 22, 54–62; Jn 18, 25–27), nors tiktai Judas išdavė (žr. Mt 26, 14–16; Mk 14, 10–11; Lk 22, 3–6), jie – likusieji – juk irgi tylomis išsigynė, pabėgo, *nusiplovė*, paliko Viešpatį vieną, – nusidėjo. Taigi, yra ko nerimauti, užsirakinus ten, Aukštutiniame kambaryje – ir savo širdyje. O Jėzus ateina ir sako: *Šalom* – „Ramybė jums!" – „Aš jums atleidžiu!" Ir tikrai, ta „Ramybė jums" reiškia – *Aš jums atleidžiu*, nes tuoj pat po šių žodžių Jis parodė jiems rankas ir šoną. Šiaip jau tai turėjo sukelti mokiniams dar didesnę kaltę: „Štai kas atsitiko dėl to, kad mes palikome Viešpatį!" Tačiau pamatę Jėzaus žaizdas jie nudžiugo, nes iš tų žaizdų tryško ramybė, atleidimas, Šventosios Dvasios galybė; ir tikrai – Šventosios Dvasios galybė, nes Jėzus toliau sako: „Kaip mane siuntė Tėvas, taip ir Aš jus siunčiu." O kaip Tėvas siuntė Sūnų į šį pasaulį? Ne kad Jis pasaulį pasmerktų, bet kad pasaulis per Jį būtų išgelbėtas (plg. Jn 3, 17), kad mums būtų atleistos mūsų nuodėmės. Taigi, „kaip mane siuntė Tėvas", kad būtų atleista pasauliui, „taip ir Aš jus siunčiu", kad ir jūs taip pat atleistumėte, kad ir jūs kiekvienam sutiktajam sakytumėte: „Ramybė" – *Šalom*, o ypač tam, kuris yra tave išdavęs, paniekinęs, įskaudinęs, apšmeižęs... „Imkite Šventąją Dvasią.

Kam atleisite nuodėmes, tiems jos bus atleistos, o kam sulaikysite, – sulaikytos" – vadinasi, tik Šventosios Dvasios galybe įmanoma atleisti nuodėmes. Mes tą puikiai žinome, kai einame išpažinties – Gailestingumo sakramento. Ir tikrai, Šventosios Dvasios galybe, trykštančia iš Jėzaus žaizdų, iš Jo šono, apaštalai gauna šią dievišką galią atleisti nuodėmes, kurią perduos savo įpėdiniams – vyskupams ir kunigams – iki pat mūsų laikų, iki šios mūsų bendruomenės, mūsų bažnyčios, kai kelis kartus per savaitę ir iš šios bažnyčios šonų[4] trykšta Gailestingumo šaltiniai, prie kurių kiekvienas gali artintis, atsigerti ir nusiplauti.

Šią Šventąją Dvasią per apaštalus gauname ir kiekvienas iš mūsų, nes kiekvienas esame Jėzaus mokinys. Vadinasi, mes taip pat gauname Šventosios Dvasios teikiamą galią atleisti. Kiekvienas iš mūsų bent kartą gyvenime yra patyręs, jog negali, nepajėgia atleisti – tai buvo per daug, per stipru, per didelė išdavystė, per skaudi žaizda... Tikra tiesa, nes tą gali padaryti tik Dievas – Šventoji Dvasia. Tereikia priimti Šventąją Dvasią, imti Ją, kai Jėzus duoda, – nors galima ir neimti. Galima atstumti Šventąją Dvasią, kai Ji mūsų širdyje ragina, kai Ji, šv. Ignoto Antiochiečio žodžiais tariant, „čiurlena kaip Gyvasis Vanduo šnabždėdama: ‚Eik pas Tėvą'...". Tad eime pas Tėvą taip, kaip Jėzus – atleisdami, nes kol nesame atleidę, tol patys esame užsidarę į šio pasaulio narvą, šio pasaulio kalėjimą, vienutę ir todėl negalime keliauti pas Tėvą. Tada mes esame belaisviai, kaliniai, esame vergai: neatleidimo, nuodėmės, baimės ir neramybės vergai. Kad galėtume priimti Šventąją Dvasią, kuria atleidžiame ir kuria grįžta į mūsų širdis Ramybė bei atsiveria kelias į Tėvo namus, mums reikia tikėti, kad „Jėzus yra Mesijas, ir kad tikėdami per Jo Vardą turėtume gyvenimą". Jeigu

[4] Kur stovi klausyklos (red. past.).

netikime, tada, žinoma, negalime priimti Šventosios Dvasios, negalime patirti širdies ramybės, negalime atleisti, bet liekame nerimo ir baimės įkaitai.

Visai galimas daiktas, kad Tomo, vieno iš apaštalų, širdis irgi buvo taip užkietėjusi, nes jis nebuvo kartu su Viešpačiu tą naktį, kada tik šv. Jonas sekė paskui Jį (žr. Jn 19, 35). (Taigi, vis dėlto bent vienas iš mokinių galėjo išsaugoti širdies ramybę ir nepriekaištauti sau dėl to, kas įvyko... nors galbūt ir jis priekaištavo – tik kitiems, ne sau; gal pyko savo širdyje, kad bendražygiai apleido Viešpatį, kad jis vienas teliko sekti paskui Jį – ir dėl to irgi nebeturėjo širdies ramybės.) Prisikėlimo dieną, pirmąją savaitės dieną, vakare, Jėzus mokiniams parodė savo rankas ir šoną. Jie „pamatė ir nudžiugo", tačiau nepasakyta, kad Jį palietė. Nepasakyta, kad puolė apkabinti Jo kojų, kaip Marija Magdalietė ten, prie Kapo (žr. Jn 20, 17). Jie pamatė, nudžiugo, įtikėjo, – to užteko, jų širdyse įsiviešpatavo Ramybė. O Tomas buvo tiek užkietinęs savo širdį, kad, sako, „net jeigu ir pamatysiu Jėzų prisikėlusį, man to neužtenka, man reikia paliesti ir įkišti pirštą į žaizdas, kad Jėzus net šokteltų, kad įsitikinčiau, jog Jis tikrai gyvas!" Tad Tomas visą tą savaitę vaikšto užkietėjęs, netikintis ir galvojantis, kad jo bendražygiams pasimaišė protelis, nes jie sako, kad Tas, kuris buvo nukryžiuotas, kuriam buvo perdurtas šonas, perverta Širdis, prisikėlė, – nesąmonė, negalimas dalykas!

Praėjus aštuonioms dienoms, vėl Viešpaties dieną, tą dieną, kai Jis prisikėlė, durims ir vėl esant užrakintoms (bet šį kartą šv. Jonas nesako – „dėl žydų baimės", nes mokinių širdyje jau viešpatauja Jėzaus Ramybė; kodėl jie tada buvo užsirakinę, jeigu ne dėl žydų baimės? Tikriausiai dėl Tomo... nes jie juk turėjo papasakoti Tomui: „Durys buvo užrakintos, mes visi drebėjome, o Jis atėjo į mūsų tarpą ir tarė – ‚Ramybė', *Šalom*."

Tuomet Tomas tikriausiai sakė: „Na, gerai, pabandom darkart, užrakinam vėl duris, žiūrėsim, ar ateis", – tad nebe dėl žydų baimės, o dėl Tomo tos durys buvo užrakintos...), Jėzus vėl atėjo, atsistojo viduryje ir sako jau trečią kartą: *Šalom* – „Ramybė jums!" Tada kreipiasi į Tomą, tą užkietėjėlį: „Pridėk čia pirštą ir apžiūrėk mano rankas. Pakelk ranką ir paliesk mano šoną. Jau nebebūk netikintis, būk tikintis!" Kiti gavo tik pamatyti, o šitam Jėzus liepia, įsako: „Paliesk, įkišk pirštą, kaip norėjai, pačiupinėk, patirk!"

Kokią išvadą iš to galime pasidaryti? Kad Jėzaus Gailestingumas tuo didesnis, kuo nusidėjėlio širdis yra labiau užkietėjusi. Jėzus sako šv. Faustinai: „Aš persekioju nusidėjėlius taip, kaip policija persekioja nusikaltėlius. Tik ne tam, kad nubausčiau, o kad pasigailėčiau..." Tad jeigu Tomui Gailestingumas yra prieinamas tik tokia kaina, kad jis galės paliesti, pačiupinėti, *pašokdinti* Jėzų, – Jėzus yra pasirengęs: „Ateik, kišk čia savo nagus, patirk, kad Aš Esu gyvas ir tikėk!"

Pirmajame šv. Jono laiške skaitome: „Štai pergalė, nugalinti pasaulį: mūsų tikėjimas!" (1 Jn 5, 4). Štai kam reikalingas tikėjimas ir Tomui, tam kietaširdžiui, nenorėjusiam tikėti, – ne tam, kad įtikėtų, ir tiek, ne – bet kad *nugalėtų pasaulį*, nes pasaulį nugalėti galima tik *tikėjimu*. O kas yra pasaulis? Pasaulis – tai kūno geismas, akių geismas ir gyvenimo puikybė (plg. 1 Jn 2, 16): visa tai, kas priešinga meilei, kas ją užmuša, kas atneša mirtį ir neapykantą į mūsų santykius. Nes dėl kūno geismo, akių geismo ir gyvenimo puikybės žmonės pasirengę vieni kitiems gerkles perkąsti... Tad kol pasaulis viešpatauja mūsų širdy, mūsų gyvenime, tol mes neturime Gyvenimo, tol mes pasiliekame mirties valdžioje (plg. 1 Jn 3, 14). Vien tik tikėjimas yra „pergalė, nugalinti pasaulį", nugalinti kūno geismą, akių geismą ir gyvenimo puikybę, nugalinti mūsų egoizmą ir suteikianti

Šventosios Dvasios malonę atleisti, priimti Ramybę į savo širdis ir linkėti tos Ramybės kitiems. Mat toji Ramybė mus padaro paties Dievo Gyvenimo dalininkais, jo dieviškosios prigimties dalininkais (žr. 2 Pt 1, 4). Jėzus juk atėjo per vandenį ir Kraują: ne tik per vandenį, bet per vandenį ir Kraują (žr. 1 Jn 5, 6), kurie trykšta iš Jėzaus Širdies, kaip matome Gailestingumo paveiksle. Jis atėjo per vandenį ir Kraują: ir vienas, ir kitas simbolizuoja gyvybę – vanduo yra gyvybė, ir kraujas yra gyvybė (žr. Įst 12, 23). Iš Jo Širdies trykštančiu vandeniu esame nuplauti per Krikštą, o iš Jo Širdies trykštančiu Krauju esame girdomi per Eucharistiją, idant nuo šiol mumyse būtų nebe mūsų gyvybė, bet Jo paties dieviškoji Gyvybė, ir kad mūsų širdyse viešpatautų Kristaus Ramybė, pranokstanti bet kokį pažinimą, kaip sako šv. Paulius (plg. Fil 4, 7).

Todėl šiandien, broliai, seserys, kai eisime susitikti su Jėzumi Eucharistijoje, net jeigu mūsų širdys ir būtų užrakintos baimės ir nerimo, prašykime šitos malonės, kad Jėzus ateitų ten, durims esant užrakintoms, ir leistų mums Jį pamatyti, Jį paliesti, Jį pačiupinėti, įsikabinti į Jį ir nebepaleisti, kaip Giesmių giesmės mylimajai (žr. Gg 3, 4), nes Jis – mūsų amžinasis Gyvenimas, Jis – mūsų Džiaugsmas ir Viltis, mūsų širdies Ramybė, kurios dėka galime, kas beatsitiktų šiame pasaulyje, su pasitikėjimu žengti pas Tėvą – paskui Jėzų ir su Juo.

2012 balandis (Atvelykis – Gailestingumo sekmadienis)

Nėra didesnės Meilės...

Jėzus kalbėjo savo mokiniams:
„Kaip mane Tėvas mylėjo, taip ir aš jus myliu. Pasilikite mano meilėje! Jei laikysitės mano įsakymų, pasiliksite mano meilėje, kaip aš kad vykdau savo Tėvo įsakymus ir pasilieku jo meilėje.
Aš jums tai kalbėjau, kad jumyse būtų manasis džiaugsmas ir kad jūsų džiaugsmui nieko netrūktų.
Tai mano įsakymas, kad vienas kitą mylėtumėte, kaip aš jus myliu. Nėra didesnės meilės, kaip gyvybę už draugus atiduoti. Jūs būsite mano draugai, jei darysite, ką jums įsakau. Jau nebevadinu jūsų tarnais, nes tarnas nežino, ką veikia jo šeimininkas. Jus aš draugais vadinu, nes jums viską paskelbiau, ką buvau iš savo Tėvo girdėjęs.
Ne jūs mane išsirinkote, bet aš jus išsirinkau ir paskyriau, kad eitumėte, duotumėte vaisių ir jūsų vaisiai išliktų, – kad ko tik prašytumėte Tėvą mano vardu, jis visa jums duotų.
Aš jums tai įsakau: vienam kitą mylėti!"

Jn 15, 9–17

Šis mūsų Jėzaus žodis buvo pasakytas mokiniams per Paskutinę vakarienę, tada, kai Jėzus paliko nuostabiausią savo Meilės paminklą – patį save, savo Kūną ir Kraują – Eucharistiją. Tačiau per Paskutinę vakarienę Jėzus ne tik įsteigė Eucharistiją, bet ir davė instrukciją, kaip ja naudotis. Šv. Jonas nekalba apie Eucharistijos įsteigimo žodžius, bet jis ištisus penkis skyrius pasakoja apie Didįjį įsakymą, Jėzaus Naująjį įsakymą – „mylėkite vieni kitus taip, kaip Aš jus mylėjau", taip, kaip Aš jus myliu. Šitos ilgos Jėzaus kalbos per Paskutinę vakarienę ir yra paaiškinimas, kas yra Eucharistija ir kaip ja reikia gyventi.

Jėzus ne tik sako, bet ir daro – Jis duoda ženklą. Jėzus sako žodį – „nėra didesnės Meilės, kaip gyvybę už draugus atiduoti", o paskui duoda ženklą – savo pervertąją Širdį, kuri ir yra šitų Jėzaus žodžių įkūnijimas. Todėl klausydami šitos Evangelijos, priimdami ją į širdį, leisdami jai suleisti šaknis mūsų gyvenime, mes tarsi vandenženklį joje turime matyti Jėzaus pervertąją Širdį – tik tada tikrai suprasime, ką reiškia šitas Jėzaus žodis.

Taigi, žodis – „nėra didesnės meilės, kaip gyvybę už draugus atiduoti", ir šitą Jėzaus žodį įkūnijantis ženklas – Jėzaus pervertoji Širdis. Vis dėlto ne Jėzus pirmasis atiduoda savo gyvybę už mus – savo draugus. Pirmiausiai savo gyvybę už mus atiduoda Tėvas, nes Jėzus – mylimasis Sūnus – yra Tėvo Gyvybė. Todėl Tėvas, atiduodamas savo Sūnų už pasaulio gyvybę (plg. Jn 6, 51), iš tikrųjų atiduoda savo paties Gyvybę – tai, kas Jam yra brangiausia. Vadinasi, pagal tą pačią Meilės logiką, kaip Tėvas atiduoda savo Sūnų, kaip Sūnus atiduoda savo gyvybę, taip ir mes esame kviečiami atiduoti savąją – nebūtinai pirmiausiai fizinę, biologinę gyvybę, kaip dažnai suprantame, bet tai, kas mums yra brangiausia. Švč. Mergelei Marijai brangesnis už Jos pačios gyvybę buvo Sūnus, todėl per Jo atidavimą Marija, stovėdama po Kryžiumi, ypač giliai išpildė šitą Jėzaus įsakymą.

Taip pat ir mes esame kviečiami savo mylimą artimą, mums brangesnį už mūsų pačių fizinę gyvybę, atiduoti Tėvui, atiduoti Viešpačiui Jėzui – tada ir mes išpildysime šitą Didįjį Jėzaus įsakymą. Jis pabrėžia – „tai yra mano *įsakymas*, kad vienas kitą mylėtumėte taip, kaip Aš jus mylėjau", – kad atiduotumėte vienas kitą Tėvui kaip savo gyvybę.

Kaip tai įmanoma? Juk sakoma, kad širdžiai neįsakysi... Ir tai yra tiesa!

Turėtume suprasti, kad Jėzus čia duoda ne pozityvų įsakymą – tarsi kokią išorinę prievolę, – bet kad Jis mums atskleidžia savo Širdies troškimą. Jeigu Jis iš tikrųjų yra mūsų Mylimasis, Bičiulis, mūsų Viešpats ir Mokytojas, tada visi Jėzaus Širdies troškimai mums, kurie Jį mylime, tampa įsakymais. Juk mylimo žmogaus troškimas mums yra įsakymas, ar ne? Ir tai yra pirmasis bičiulystės, bendrystės bruožas – trokšti to paties, ko trokšta bičiulis. Taip išsipildo pirmasis vienybės tarp Mylimojo ir mano širdies aspektas.

Tačiau šiame Jėzaus žodyje esama ir antrojo bendrystės, draugystės, bičiulystės aspekto. Tai – dalijimasis paslaptimis. Jėzus sako: „Jūs būsite mano draugai, jei darysite, ką jums įsakau." Tikrai darysime, nes Mylimojo troškimas mums, mūsų širdžiai juk yra įsakymas. Toliau Jėzus sako: „Nebevadinu jūsų tarnais, nes tarnas nežino, ką veikia jo šeimininkas. Jus aš draugais vadinu, nes jums viską paskelbiau, ką buvau iš savo Tėvo girdėjęs." Bičiuliai dalijasi savo širdies paslaptimis. Taigi ir Jėzus atskleidžia mums tas paslaptis, kuriomis pats Tėvas yra pasidalijęs su Jo sūniška Širdimi. Vadinasi, ta bendrystė, esanti tarp Tėvo ir Sūnaus, tampa ir mūsų bendryste – tarp Sūnaus ir mūsų. Mes nebevadinami tarnais (nors ir toliau tokie tebesame, nes malonė prigimties nepanaikina, kaip sako šv. Tomas Akvinietis), – mes vadinami draugais. Tačiau būtent draugas ir yra geriausias tarnas, geresnis už bet kokį samdinį, nes draugo tu gali bet kada ir bet ko paprašyti; tokia yra tikroji draugystės išraiška – kai draugas tampa tarnu. Tad ir Jėzus mums juo tapo – per Paskutinę vakarienę, o ypač ant Kryžiaus – būtent todėl, kad Jis yra mūsų Draugas.

Kas yra tas bičiulystės, draugystės santykis, meilės santykis ir Meilės įsakymo santykis, jungiantis Tėvo ir Sūnaus Širdį, o paskui lygiai taip pat jungiantis Sūnaus ir mūsų širdį? Tai pati Šventoji Dvasia, dieviškoji Meilė. Būtent Ji ir yra tas vaisius, kurio Tėvas laukia iš mūsų. Būtent Ji yra ir tas prašytinas dalykas, kurio Jėzus ragina mus prašyti Tėvą Jo vardu.

O ko prašo Sūnus? Šventosios Dvasios, Meilės Bučinio iš Tėvo... Jis, įsimylėjęs Tėvą, trokšta tik vieno – dar labiau Jį mylėti. Tad Tėvas „teikia jam Dvasią be saiko" (Jn 3, 34) – kitaip sakant, myli Jį be saiko, be galo, be ribų. Taigi ir mes, jeigu esame sūnūs Sūnuje, taip pat esame paties Jėzaus kviečiami ir liepiami prašyti to, ko prašo Jis: „Jūs prašysite, ko tik norėsite, ir tai jums bus duota." O ko gi mes norėsime? Žinoma, to paties, ko ir Jėzus, – Šventosios Dvasios. Mes turime prašyti Šventosios Dvasios, kad galėtume mylėti taip, kaip Jėzus myli, taip, kaip myli Tėvas, kad taptume, Šv. Petro laiško žodžiais tariant, Jo dieviškosios prigimties dalininkais (plg. 2 Pt 1, 4). Štai kodėl jums, mieli broliai ir seserys, aš irgi linkiu šitaip maldauti, prašyti Šventosios Dvasios, idant galėtume mylėti taip, kaip Jėzus, taip, kaip myli Tėvas – be galo, amžinai.

2012 gegužė (Velykų laikas)

Meilės Karalystė ir jos galybė

Pasirodęs Vienuolikai, Jėzus tarė:
„Eikite į visą pasaulį ir skelbkite Evangeliją visai kūrinijai. Kas įtikės ir pasikrikštys, bus išgelbėtas, o kas netikės, bus pasmerktas. Kurie įtikės, tuos lydės stebuklai: mano vardu jie išvarinės demonus, kalbės naujomis kalbomis, ims plikomis rankomis gyvates ir, jei išgertų mirštamų nuodų, jiems nepakenks. Jie dės rankas ant ligonių, ir tie pasveiks."
Baigęs jiems kalbėti, Viešpats Jėzus buvo paimtas į dangų ir atsisėdo Dievo dešinėje. O jie iškeliavę visur skelbė žodį, Viešpačiui drauge veikiant ir jų žodžius patvirtinant stebuklais, kurie juos lydėjo.

Mk 16, 15–20

„Viešpatie, gal tu šiuo metu atkursi Izraelio karalystę?" (Apd 1, 6), – klausė apaštalai Viešpatį, kai Jis pasakė, kad po kelių dienų jie bus pakrikštyti Šventąja Dvasia, o Jis pats išeisiąs pas Tėvą. Jėzus neatsako nei „taip", nei „ne", nors iš tikrųjų Jis atsako „taip": „Ne jūsų reikalas žinoti laiką ir metą, kuriuos Tėvas nustatė savo nuožiūra. Bet kai ant jūsų nužengs Šventoji Dvasia, jūs gausite jos galybės ir tapsite mano liudytojais Jeruzalėje ir visoje Judėjoje bei Samarijoje ir lig pat žemės pakraščių" (Apd 1, 7–8). Taip, dabar bus atkurta daug nuostabesnė Karalystė negu mano tėvo Dovydo, negu Izraelio. Bus atkurta Dangaus Karalystė – ta, kurioje gyveno mūsų pirmieji tėvai Adomas ir Ieva; Dievo Karalystė, kuri yra Meilės Karalystė, ir jos atkūrimas vyks per jus, nes *jūs tapsite liudytojais*. Jūs nešite gautąją Šventąją Dvasią į visą pasaulį lig pat žemės pakraščių, kad toji Karalystė atkariautų visas priešo okupuotas teritorijas, atimtų jas iš piktosios dvasios, iš neapykantos, iš nuodėmės nelaisvės ir sugrąžintų į Dievo vaikų laisvę (plg. Rom 8, 21).

Tačiau šis atkariavimas, šioji pergalė pasiekiami anaiptol ne ginklais ir ne jėgos demonstravimu ar kitais panašiais šio pasaulio būdais ir metodais. Šis atkariavimas vyksta *pažinimu*, apie kurį šv. Paulius rašo efeziečiams, taip pat ir mums: „Meldžiu, kad mūsų Viešpaties Jėzaus Kristaus Dievas, garbingiausias Tėvas, suteiktų jums išminties ir apreiškimo Dvasią [Dvasią, kurią apaštalai ir Švč. Mergelė Marija gavo per Sekmines (žr. Apd 1, 13–14; 2, 1–4) ir kurios mes vėl, kaip ir kasmet, laukiame ir ilgimės kartu su Marija, Dievo ir Bažnyčios Motina] ir jūs galėtumėte jį pilnai pažinti" (Ef 1, 17). Tai Šventoji Dvasia padaro, kad mes galėtume Jį „pilnai pažinti", kad „pažintume Dievo Meilę, pranokstančią bet kokį pažinimą" (plg. Ef 3, 19); tariant to paties apaštalo Pauliaus žodžiais, „kad [Ji] apšviestų jūsų dvasios akis ir jūs pažintumėte, kokia yra viltis, į kurią jūs esate pašaukti, koks jo garbingo paveldėjimo turtas šventųjų tarpe ir kokia nepalyginama jo galybės didybė mums, tikintiesiems, suteikta veikiant jo neribotai jėgai" (Ef 1, 18–19).

Kas yra ta pažinimo didybė, toji šlovė, neribota jėga? Tai pati Šventoji Dvasia, kuri yra Dievo Meilė: Tėvo Meilė Sūnui ir

Sūnaus Meilė Tėvui – Šventoji Dvasia, kuria vienintele įmanoma pažinti Tėvą ir Jo siųstąjį Jėzų – Mesiją (plg. Jn 17, 3). O „Jį pažinti", sako Jėzus mokiniams per Paskutinę vakarienę, „tai ir yra amžinasis gyvenimas" (plg. Jn 17, 3), amžinasis gyvenimas, kuris yra Meilė, dieviškoji Meilė, nes tik Meilė gali mums leisti iš tikrųjų pažinti tai, ką mylime. Kol nemylime, mes nepažįstame – nepažįstame nei Dievo, nei savęs, nei vieni kitų, neatpažįstame net ir pasaulio, kuriame gyvename, grožio, kaip begalinės Dievo Meilės dovanos mums. Tik tada, kai Šventoji Dvasia nužengia ant mūsų, kai pripildo mūsų širdį ir atveria jos akis, mes pažįstame Tėvą, Gailestingumo Dievą, kuris yra apstus visokios malonės (plg. Ef 2, 4); tik tada mes pažįstame Sūnų; tik tada mes pažįstame ir save pačius, kaip tos begalinės Dievo Meilės vaisių. Tuomet ir vieni kitus mes galime pažinti toje pačioje Šventojoje Dvasioje, taip, kaip Tėvas pažįsta Sūnų ir Sūnus – Tėvą (plg. Jn 10, 15). Tai ir yra toji išminties ir apreiškimo Dvasia, atverianti mūsų akis ir leidžianti atpažinti tai, ko nepažįsta pasaulis (plg. Jn 1, 10; 17, 25; 1 Jn 3, 1) – nemylintis, nepriimantis Šventosios Dvasios pasaulis. Nes kad Ją priimtum, turi įtikėti...

Evangelijoje girdėjome: „Kas įtikės ir pasikrikštys, bus išgelbėtas." Kas atvers savo širdį šitai Šventajai Dievo Meilės Dvasiai, bus išgelbėtas: išgelbėtas viltimi (plg. Rom 8, 24), išgelbėtas tikrajam, amžinajam gyvenimui, kuris yra pažinti Tėvą ir Jo siųstąjį Jėzų – Mesiją (plg. Jn 17, 3), pažinti Šventąja Dvasia, Dievo Meile, pažinti Jį taip, kaip pats Tėvas pažįsta. „O kas netikės, bus pasmerktas" – bus paliktas savo neviltyje, savo nuodėmėse (plg. Jn 8, 24), savo beprasmybėje, nes be tikėjimo žmogaus gyvenimas gali tapti tik siauras, menkai nuo gyvūnų besiskiriantis gyvaliojimas. O juk mumyse esama dvasios pradų, troškimo daug daugiau negu vien tiktai paėsti ir atsigerti.

Juk mūsų širdis trokšta meilės – niekada nesibaigiančios, tyros, nuolankios, ištikimos, visa pakeliančios, visa atleidžiančios, viskuo besiviliančios, Meilės, kuri niekada nesibaigia (plg. 1 Kor 13, 4–8) ir kuri tegali būti tik pats Dievas, nes puikiai žinome, jog mūsų meilė tokia nėra. Tik Dievo Meilė yra tokia, kokios trokšta mūsų širdis, ir ją gauna tie, kurie įtiki ir pasikrikštija. Tada jie šios Meilės būna išgelbėti.

Tuos įtikėjusiuosius, kaip žadėjo Kristus, lydės stebuklai: „Mano vardu jie išvarinės demonus, kalbės naujomis kalbomis, ims plikomis rankomis gyvates ir, jei išgertų mirštamų nuodų, jiems nepakenks. Jie dės rankas ant ligonių, ir tie pasveiks." Iš Bažnyčios istorijos ir iš šių dienų aktualijų žinome, kad Kristaus vardu įmanoma išvaryti demonus, įmanoma kalbėti naujomis kalbomis, imti plikomis rankomis gyvates, kaip šv. Pauliui atsitiko Maltos saloje (žr. Apd 28, 3–5), ir nenukentėti nuo mirštamų nuodų – taip nutiko ne vienam šventajam. Tačiau šitie patys žodžiai – tik gal ne tokiu regimu, apčiuopiamu, įkūnytu būdu – pildosi ir kiekviename krikščionyje, kuriame gyvena Šventoji Dievo Meilės Dvasia, nes velnias nieko taip nebijo, kaip Meilės. Jis, neapykantos kunigaikštis, bijo Jos kaip ugnies. Tad jeigu mūsų širdyje, mūsų bendruomenėse, mūsų šeimose liepsnoja Meilė, jis traukiasi, nes negali atsilaikyti prieš šitą Meilės ugnį.

Jie tada „kalbės naujomis kalbomis" – ta pačia lietuvių kalba (ir gal net kokia nors aukštaitiška tarme), bet vis dėlto tai jau nauja – Meilės – kalba, pilna tokios prasmės, apie kurią pasaulis nė nenutuokia; šios naujos kalbos pasaulis negali suprasti. Ją gali suprasti tik tas, kuris irgi yra priėmęs tą pačią Šventosios Dvasios, Dievo Meilės, galybę, ir tik tokie žmonės šia kalba gali susišnekėti.

„Jie ims plikomis rankomis gyvates ir, jei išgertų mirštamų nuodų, jiems nepakenks": didžiausias nuodas, kuris nužudo mūsų gyvenimą, yra neapykanta, o baisiausia, nuodingiausia gyvatė yra nuodėmė. Bet tada, kai mūsų širdyse liepsnoja Šventosios Dvasios Meilės liepsna, neapykanta nieko nebegali mums padaryti, nuodėmė mums nieko nebegali padaryti, nes tuomet mes džiūgaujam šlovingiausiu džiaugsmu dėl to, kad esame persekiojami, niekinami ir visaip šmeižiami (plg. Mt 5, 11–12; 1 Pt 1, 8; 4, 13; Lk 6, 22–23), nes toji Šventoji Dvasia leidžia mums gyventi nuostabiausiu palaiminimu paveldėti Dangaus Karalystę (žr. Mt 5, 10) – ne kažkada ateityje, danguje, bet *čia ir dabar*.

„Jie dės rankas ant ligonių, ir tie pasveiks": Meilės prisilietimas – pats švelniausias Meilės prisilietimas, net neištiesus rankos, o tiesiog širdies prisilietimas prie širdies, – pagydo labiausiai sergančias, ypač ligotas, net liguistas širdis. Bet – dar kartą kartoju – ne mūsų meilės. Tik Šventosios Dvasios, Dievo Meilės, galybė yra tokia gydanti, gaivinanti ir teikianti Gyvybę.

„Tada mokiniai iškeliavę skelbė žodį, Viešpačiui drauge veikiant", nors Jis ir buvo paimtas į dangų, kur atsisėdo Dievo dešinėje. Mat ten, kur yra bent vienas Švenčiausiosios Trejybės Asmuo, ten yra ir kiti Du: su Šventąja Dvasia, išsiliejusia apaštalų ir jų įpėdinių, ir mūsų širdyse, taip pat yra ir Tėvas, ir Sūnus. Štai kodėl ir toliau Viešpats drauge veikia ir mūsų žodžius patvirtina stebuklais, kuriuos, paliudysiu, matau kiekvieną dieną: kaip Dievo Meilė varo laukan demonus, ima plikomis rankomis gyvates ir mirštami nuodai nieko negali padaryti, kaip Ji gydo ligonius... Žinoma, ne visus, deja, – bent kol kas. Šėtonas nepasiduoda, ir labai skaudu matyti, kaip jo užgrobtos širdys ir gyvenimai lieka tamsoje. Tačiau mes turime Viltį, kuri neapleidžia (plg. Rom 5, 5) ir kuri nemiršta, nes ji yra nemirtingosios Dvasios dovana.

Nepaisant to, kad Jėzus iškeliauja į dangų (dėl ko turėjo nuliūsti mokinių širdys), Jis vis dėlto lieka su jais, ir netgi dar intymiau, dar artimiau – Šventąja Dvasia. Šita Šventosios Dvasios galia išsaugoti ir išugdyti dar intymesnį, dar artimesnį meilės ir bičiulystės santykį su Viešpačiu taip pat veikia ir mus, ir mūsų santykius. Juk jeigu mūsų širdyje gyvena Šventoji Dvasia, tada jokie išsiskyrimai negali mūsų nuliūdinti, nes mes liekame kartu – per Šventąją Dvasią ir ypač per Eucharistiją visi kartu dalydamiesi tuo pačiu Viešpaties Kūnu. Nesvarbu, ar būtume šioje bažnyčioje, ar už jūrų marių – tai yra tas pats Jėzaus Kūnas, ir per Jį mes dalyvaujame Šventųjų bendravime. Mes visiškai *realiai* (ne šiaip *intencionaliai*, kai žmonės myli vienas kitą ir saugo vienas kitą savo širdyje) – per Kristaus Kūną – esame kartu, tad jokie atstumai nebegali mūsų atskirti.

Kristaus Kūnas – Eucharistija – yra nepalyginti geresnis bendravimo būdas negu skaipas, internetas ir elektroniniai laiškai, nes ji yra tikroji bendrystė, tikroji vienybė. Tam, kad prisijungtume prie šito „interneto", mums tereikia tikėjimo ir atsivėrimo Šventajai Dvasiai. Taip, kaip reikia kompiuterio prisijungti prie skaipo ar interneto, taip mums reikia širdies neturto, atvirumo Dievo veikimui – tų dvasinių *windows'ų*, kuriuos gali *nulaužti* mūsų troškimas, noras turėti sau, mūsų žmogiškas liūdesys prarasti, ką mylime. Tik tada, kai mes atversime savo rankas ir širdis, kai leisime Dievui pasiimti tai, ką Jis nori, – tik tada Jis mus apdovanos šimteriopai (plg. Mt 19, 29; Mk 10, 30) – tokia bendryste, kuri jau kvepia dangumi, kuri jau pradeda tą Dangaus Karalystę, kurią Jėzus pažadėjo atkurti per mus čia ir dabar, Šventosios Dvasios galybe skelbiant Meilės Karalystę. Čia ir dabar – per šią Eucharistiją, – ir per amžius.

2012 gegužė (Šeštinės)

Tiesos Dvasia

Jėzus kalbėjo savo mokiniams:
„Jei mane mylite,– jūs laikysitės mano įsakymų; aš paprašysiu Tėvą, ir jis duos jums kitą Globėją, kuris liktų su jumis per amžius, – Tiesos Dvasią, kurios pasaulis neįstengia priimti, nes jos nemato ir nepažįsta.
O jūs ją pažįstate, nes ji yra pas jus ir bus jumyse.
Nepaliksiu jūsų našlaičiais – ateisiu pas jus. Dar valandėlė, ir pasaulis manęs nebematys. O jūs mane matysite, nes aš gyvenu ir jūs gyvensite. Tai dienai atėjus, jūs suprasite, kad aš esu Tėve, ir jūs manyje, ir aš jumyse. Kas pripažįsta mano įsakymus ir jų laikosi, tas tikrai mane myli. O kas mane myli, tą mylės mano Tėvas, ir aš jį mylėsiu, ir jam apsireikšiu."

Jn 14, 15–21

Jėzus kalba apie kitą Globėją – Tiesos Dvasią. Jis apie tai kalbėjo apaštalams per Paskutinę vakarienę. O dabar, artėjant Viešpaties Žengimui į Dangų ir Šventosios Dvasios Atsiuntimui, kuriuos liturginiu būdu vėl išgyvensime, Motina Bažnyčia dar kartą mums primena šį Jėzaus žodį, pasakytą artimiausiems mokiniams Viešpaties Kančios išvakarėse. Kai Jėzus sako: „Dar valandėlė ir pasaulis manęs nebematys", Jis, žinoma, pirmiausiai omenyje turi savo išėjimą, egzodą per Kryžių – Kryžiaus slėpinį. Tačiau šiandien, artėjant Viešpaties Dangun Žengimo slėpinio šventimui, ši Evangelija, šis Jėzaus žodis, įgauna naują kvapą, naują spalvą ir skonį – šiuose Jėzaus žodžiuose „dar valandėlė ir pasaulis manęs nebematys" mes galime atpažinti taip pat ir Dangun Žengimo slėpinį. Kartu Viešpats mus ir guodžia, nes žada Tiesos Dvasią, kuri mumyse turės padaryti nepaprastų dalykų, Tiesos Dvasią, kurios pasaulis neįstengia priimti, nes Jos, kaip sako Jėzus, „nemato ir nepažįsta". Kodėl pasaulis nemato ir nepažįsta Tiesos Dvasios? Todėl, kad pasaulyje viešpatauja kita dvasia, melo ir tamsybių dvasia – paties Jėzaus žodžiais tariant, šio pasaulio kunigaikštis (plg. Jn 14, 30). Šv. Jonas, mylimasis Jėzaus mokinys, savo Pirmąjį laišką taip pat baigia žodžiais, kad visas pasaulis yra piktojo, to melagio, melo tėvo, senosios gyvatės, velnio ir šėtono – pavergtas (plg. 1 Jn 5, 19). Štai kodėl pasauliui ši tamsa yra užgulusi akis (plg. 1 Jn 2, 11), štai kodėl pasaulis nemato ir nepažįsta Tiesos Dvasios. „O jūs, - sako Jėzus, - Ją pažįstate, nes Ji yra jumyse ir jumyse bus."

Kokiu tad būdu pažįstame Tiesos Dvasią? Kai vaikštome tiesoje (plg. 2 Jn 1, 4; 3 Jn 3), kai išdrįstame sąžiningai pasižiūrėti tiesai į akis. Šventoji Dvasia švelniai, bet tvirtai mums rodo tiesą. Tas susidūrimas, susitikimas su tiesa gali būti nepaprastai skausmingas. Štai kodėl pasaulyje gyvenantys žmonės, užtemdyti ir pavergti pasaulio dvasios, nedrįsta pakelti akių ir sužinoti tiesos apie save, nes ji yra labai skausminga. Kad ir, pavyzdžiui, pamatyti ar išdrįsti pripažinti, jog mes per trisdešimt metų taip ir neatleidome savo tėvui – tai yra skausminga. Skausminga yra išdrįsti pamatyti, kad mes daugiau ar mažiau sąmoningai sau esame pasaulio centras, nors ir kalbame, kad Dievas yra mūsų gyvenimo centras. Sakome, kad pasaulio centras yra Dievas ar kitas žmogus, o iš tikrųjų gal ištisus metus nuo savęs slėpėme tiesą, kad pasaulio centre vis dėlto esu *Aš*. Ta tiesa yra skausminga, bet ji gydanti – ji kaip ugnis, prideginanti pūliuojančią žaizdą ir sustabdanti gangreną kūne – tik reikia išdrįsti į ją pakelti akis. Susitikti akis į akį su tiesa, kuri yra šviesa, ugnis, skausmingai deginanti, apšviečianti, gal net apakinanti, tačiau gelbstinti, ištaisanti, ištiesinanti, vedanti ten, kur iš tikrųjų turime nueiti, nes kitaip esame kaip tas ežiukas rūke iš seno animacinio filmuko.

Ar atsimenate, kaip elgiasi ežiukas rūke – ir ne tik jis, beje? Jei visiškai tirštame rūke bandome eiti į priekį, po kiek laiko pastebime, kad esame toje pačioje vietoje, nes einame ratu. Pavargstame, iššvaistome jėgas ir niekur nenueiname – vis sukamės ir sukamės ratu, nes mūsų akys yra užgultos tamsybių. O Tiesos Dvasia išplėšia mus iš to rūko ir parodo kelią, tiesų kelią, kuriuo turėtume eiti. Tiesos Dvasia yra ir bus mumyse, rodydama kelią į tikrąjį mūsų išsilaisvinimą, išsigelbėjimą, į paguodą ir ramybę. Jėzus žada, kad nepaliks mūsų našlaičiais, ateis pas mus: „Dar valandėlė ir pasaulis manęs nebematys, o jūs matysite mane, nes Aš gyvenu ir jūs gyvensite." Kaip gali būti, kad pasaulis nebematys Jėzaus, o mės Jį matysime? Juk žinome, kad Jėzus yra įžengęs į dangų, tad kūno akimis Jo nematyti. Tačiau dėl Tiesos Dvasios, kuri yra mumyse ir mumyse bus – mūsų ir kitų gyvenimuose, Eucharistijoje ir kiekvienoje, net ir labai skausmingoje situacijoje, savo širdimi mes tikrai galime pamatyti gyvą Jėzų. Toji Šviesos ir Tiesos Dvasia yra tarsi naktiniai žiūronai su infraraudonaisiais spinduliais: paprasta akimi nematai, kas prieš tave, nes tamsu, nors į akį durk, bet per tuos žiūronus gali pamatyti, kad tamsa yra pilna žmonių... Taip ir per

Tiesos Dvasios „naktinius žiūronus" šiame tamsybių pavergtame pasaulyje mums leista regėti gyvąjį Jėzų, rengiantį mūsų prisikėlimo rytą, Jį atpažinti ir todėl ramiai, be melo, stresų, depresijų ir nevilties eiti paskui Jį ten, kur rodo Tiesos Dvasia. Jėzus žada: „Aš gyvenu ir jūs gyvensite", – *Aš prisikėliau ir jūs būsite prikelti.* Tik vaikščiokite Tiesos Dvasioje, nebijokite savo paties ir kitų atžvilgiu būti tiesoje ir jūs gyvensite tokioje ramybėje ir džiaugsme, apie kuriuos tamsoje vaikščiodami ratu negalite net įtarti, kadangi nerimaujate ir bijote, nes nežinote, kur einate (plg. 1 Jn 2, 11). „Tai dienai atėjus jūs suprasite, kad Aš Esu Tėve ir jūs manyje, ir Aš jumyse." Tai dienai atėjus, kai Tiesos Dvasia mums bus išlieta, suprasime, kad Jėzus yra Tėve Tiesos ir Meilės Dvasioje, nes per Šventąją Dvasią, trečiąjį Švč. Trejybės Asmenį, Sūnus yra Tėve ir Tėvas Sūnuje. Ir per tą pačią Dvasią Jis yra mumyse ir mes Jame, Tiesoje ir Meilėje. Tiesoje, kuri yra Meilė, ir Meilėje, kuri yra Tiesa, Tiesoje ir Meilėje, kuri yra Dievas, gyvas ir tikras nuo amžių ir per amžius. Todėl, kad iš tiesų mylėtume Jėzų, turime mylėti Jį Šventąja Dvasia, kuria ir Jis mus myli: „Kaip Tėvas mane myli, taip Aš jus myliu; tą mylės ir mano Tėvas" ta pačia Tiesos – Šventąja Dvasia – „ir Aš jį mylėsiu" ta Tiesos ir Meilės Dvasia, „ir jam apsireikšiu". Toliau Jėzus sako: „Jums geriau, kad Aš išeinu, nes jeigu Aš neišeisiu, jūs negausite tos Tiesos Dvasios." Koks paradoksas: turime trokšti, kad Jėzus išeitų; išeitų tam, kad būtume dar artimesni su Jėzumi, kad Jį pažintume taip, kaip Tėvas Jį pažįsta, kad Jį pažintume taip, kaip Jis pats mus pažįsta, o ne vien tik žmogišku žvilgsniu – kaip apaštalas Pilypas, kuris per tą pačią vakarienę sako: „Parodyk mums Tėvą ir bus mums gana" (Jn 14, 8), nes Jėzų mato tik žmogiškomis akimis ir neįžiūri, kad Tėvas yra Jame. Tą pamatyti galima tik žvelgiant iš vidaus Tiesos Dvasia, Jos akimis – tada matome tai, ko nemato pasaulis, ir žygiuojame kaip matantys, kur einame, užuot sukęsi aplink savo ašį. Prašykime tad ir maldaukime Viešpatį, kad Jis greičiau išeitų, ir kad greičiau ateitų toji Tiesos Dvasia ir mus išlaisvintų iš pasaulio tamsybių dvasios. Išlaisvintų, nes nors gal esame atsivertę ir pakrikštyti, ir kiekvieną dieną einame į šv. Mišias, o vis dėlto tebevaikštome tamsybėse. Prašykime, kad būtume išlaisvinti, išvaduoti, išgelbėti ir sektume paskui Jėzų, kuris yra Kelias, Tiesa ir Gyvenimas (plg. Jn 14, 6), ir kuris mums yra toks būtent per Tiesos Dvasią, kuri trokšta būti mumyse – dabar ir amžinai.

2008 balandis (Velykų laikas)

Slėpinių Slėpinys

Jėzus kalbėjo Nikodemui:
„Dievas taip pamilo pasaulį, jog atidavė savo vienatinį Sūnų, kad kiekvienas, kuris jį tiki, nepražūtų, bet turėtų amžinąjį gyvenimą. Dievas gi nesiuntė savo Sūnaus į pasaulį, kad jis pasaulį pasmerktų, bet kad pasaulis per jį būtų išgelbėtas. Kas jį tiki, tas nebus pasmerktas, o kas netiki, jau yra nuteistas už tai, kad netiki viengimio Dievo Sūnaus."

Jn 3, 16–18

Po Viešpaties Kančios, Mirties ir Prisikėlimo švenčių, kurioms rengėmės keturiasdešimt Gavėnios dienų ir kurias šventėme penkiasdešimt Velykų laiko dienų, iš naujo prasideda paprastas, kasdienis, atrodytų, pilkas Eilinis laikas. Nors jo pradžia yra Kristaus Krikšto šventė – dar prieš Gavėnią ir Velykas, – po Sekminių jo tęsinys prasideda Švč. Trejybės iškilme. Šis laikas nusagstytas ir kitomis šventėmis bei iškilmėmis, kurios mums parodo tai vieną, tai kitą mūsų tikėjimo brangakmenio briauną, sužimbančią vis kitomis spalvomis, bet po Sekminių jis iš naujo prasideda Švč. Trejybės iškilme. Tokia tęsinio pradžia nėra „iš dangaus nukritusi" – ji yra tikroje harmoningoje vienybėje ir tęstinume su Jėzaus Dangun Žengimu. Mat sekdami paskui Jėzų akimis ir širdimi, savo tikėjimu matome, kad Jo, kaip žmogaus, prigimtis buvo panardinta į Švč. Trejybės gelmes, nors antrasis Švč. Trejybės Asmuo, įsikūnijęs Jėzuje Kristuje, niekada ir nebuvo palikęs savo „vietos", – jei tik taip galime pasakyti, nes „vietos" Dieve nėra... O per Sekmines – Šventosios Dvasios Atsiuntimą – pati Švč. Trejybė atėjo įsiveržti į mūsų gyvenimus, į mūsų širdis, atėjo jose apsigyventi, nes ten, kur yra vienas dieviškasis Asmuo, ten yra ir visa Švenčiausioji Trejybė.

Taigi, šį laiką po Sekminių – Viešpaties Sugrįžimo ir visatos atbaigimo laukimo laiką – mes pradedame švęsdami Švč. Trejybę – didžiausią mūsų tikėjimo slėpinį, kurio suprasti iki galo neįmanoma, tačiau kurį galima *mėginti* vis labiau suprasti ir *niekada nepabaigti* suprasti.

Vienas didžiausių ne tik Bažnyčios, bet ir visos žmonijos genijų – šv. Augustinas, nusprendęs rašyti traktatą apie Švč. Trejybę, sapnavo tokį sapną: vaikštinėja jis palei jūros krantą ir sutinka vaikiuką, išsikasusį duobutę ir su kriaukle semiantį vandenį iš jūros į tą duobutę. Augustinas ir klausia to vaikiuko: „Ką čia darai?", o vaikas atsako: „Jūrą noriu išsemti." Augustinas ima juoktis: „Kaip su kriaukle į tokią mažą duobutę išsemsi visą jūrą?" O vaikelis jam atkerta: „Man bus lengviau į tą duobutę išsemti jūrą, negu tau suprasti Švenčiausiosios Trejybės slėpinį!" Ir suprato Augustinas, kad tas vaikis buvo Viešpaties angelas, atsiųstas jo apšviesti, jog neįmanomą dalyką jis užsimojo pasiekti. Vis dėlto šv. Augustinas, kaip ir daugybė kitų teologų bei Bažnyčios Mokytojų, pasitikėdami Šventosios Dvasios vedimu ir šviesa, Jos įkvėpimu, mėgino kalbėti apie šitą neišsakomą ir nenupasakojamą tikrovių tikrovę, slėpinį, mūsų širdies troškimą. Vis dėlto tas kalbėjimas iš tikrųjų yra neįmanomas. Apie Švč. Trejybę geriau tylėti nei kalbėti, tik toji tyla turi būti Meilės tyla, nes Meilė mums atveria akis ir leidžia suprasti dalykus, apie kuriuos protas nė nenutuokia.

Juk kai mylime brangų žmogų, kai jį pamilstame, išvystame jame tai, ko iki šiol nematėme, ko aplinkiniai ir toliau nemato. Regime jo sielos gelmes, jo gerumo sietuvą. Matome, jog jis yra vienintelis pasaulyje, be kurio visas pasaulis prarastų prasmę ir grožį. Panašiai yra ir su Dievu – pažinti Jį galime labiau meile nei savo menku proteliu (net jeigu ir turime nuolat mėginti pažinti Jį ir protu), nes tik Meilė gali įsiskverbti į tas gelmes, kurios neturi dugno nei pabaigos.

Palaimintoji Švč. Trejybės Elžbieta[5] – nuostabi praėjusiojo amžiaus karmelitė, sudėjusi labai gražią maldą apie Švč. Trejybę, – Jos namais ir šventove Elžbieta troško būti – gulėjo mirties patale. Jos seserys klausė:

– Ar tu, kaip ir tavo sesutė Kūdikėlio Jėzaus Teresė [kita karmelitė], taip pat praleisi visą savo amžinybę darydama gera žemėje?

Palaimintoji Elžbieta atsakė:

– Ne. Aš visą amžinybę nersiu vis giliau į beribes Švč. Trejybės gelmes...

Galbūt todėl iki šiol ji vis dar nėra paskelbta šventąja, nes nerdama vis gilyn užmiršo, kad jos kanonizacijai reikia dar vieno stebuklo... Tačiau šis palaimintosios Švč. Trejybės Elžbietos troškimas iš tikrųjų yra ir kiekvieno iš mūsų troškimas, net jei sąmoningai jo ir nesuvokiame. Kiekvieną kartą, kai tiesiame ranką į gėrį, nesvarbu – tai medaus puodynė ar mylimo žmogaus

5 Šiandien jau šventoji (red. past.).

ranka – iš tikrųjų trokštame tos didžiausios laimės, giliausios Meilės, kuri yra tik Švč. Trejybėje.

Tai – vidinė Dievo paslaptis, kurią žino tik Jis, Vienintelis, ir tas, kuriam Jis panorės apreikšti (plg. Mt 11, 27; Lk 10, 22). Apreikšti per savo Sūnų, apreikšti per savo Dvasią, – Meilę, kuri užmiršta save dėl kito, nes Dievas yra Dovana – Tėvo Dovana Sūnui, Sūnaus Dovana Tėvui, Dovana, kuri yra Šventoji Dvasia – savęs Dovana pasauliui, kad pasaulis būtų išgelbėtas, ir kad priimtume Švč. Trejybę gyventi savo širdyje ir savo gyvenime, kad Ji ten galėtų atnešti visus savo vaisius, apie kuriuos girdėjome šv. apaštalo Pauliaus Laiške korintiečiams: ramybę, paguodą, meilę, vienybę (plg. 2 Kor 13, 11–13).

Tą Švč. Trejybę mes turime priimti tikėjimu – gyvu, giliu, drebančiu iš meilės tikėjimu. Tokiu tikėjimu, kokį turėjo Švč. Mergelė Marija, esanti dar didesnėje vienybėje su Dievu negu palaimintoji Švč. Trejybės Elžbieta. Mat, kaip sako šv. Laurynas Brindizietis, Mergelės Marijos tobulumas Jos prasidėjimo akimirką buvo didesnis negu galutinis tobulumas visų šventųjų kartu paėmus – jų visų tobulumas danguje, Dievo šlovėje. Koks gi tada turėjo būti Mergelės Marijos tobulumas tą akimirką, kai Ji buvo paimta į dangų?.. Tai – vienybės tobulumas – Švč. Mergelė Marija tapo *kone* Švč. Trejybės dalimi, neatskiriama Dievo dalimi (plg. Apr 3, 12). Neatskiriama! Į šį neatskiriamumą, į šią vienybę kiekvienas iš mūsų esame kviečiami kas kartą, kai dalyvaujame Eucharistijoje, kai Tėvas iš Meilės mums dovanoja savo Sūnų, kad taptume viena su Juo Šventojoje Dvasioje – Šviesos, Ramybės, Paguodos, Meilės Dvasioje, kad būtume viena su Juo kaip Mergelė Marija, kuri, Apokalipsės žodžiais tariant, tapo Tėvo namuose kolona, kuri niekada iš jų nebeišeis (plg. Apr 3, 12).

Taip pat ir mes, jeigu būsime nugalėtojai – o kas nugali pasaulį, jei ne mūsų tikėjimas, Dievo dovana (plg. 1 Jn 5, 4), – mes irgi tapsime taip neatskiriami Švč. Trejybėje, tapsime šulais Tėvo namuose ir niekada iš ten nebeišeisime. Ne kaip iš kokio kalėjimo, bet, mūsų didžiam džiaugsmui, kaip iš nuostabaus sodo – Ramybės, Džiaugsmo ir Meilės, Paguodos karališkojo sodo, kuriame trykšta Gyvojo Vandens šaltiniai, kur medžiai veda gyvybės vaisius, kur gyvena Dievas, Švč. Trejybė – Tėvas, Sūnus ir Šventoji Dvasia, – gyvena ir viešpatauja per visus amžių amžius.

2008 gegužė (Švč. Trejybė)

Karalius Ganytojas

Jėzus kalbėjo savo mokiniams:

„Kai ateis Žmogaus Sūnus savo šlovėje ir kartu su juo visi angelai, tada jis atsisės savo garbės soste. Jo akivaizdoje bus surinkti visų tautų žmonės, ir jis perskirs juos, kaip piemuo atskiria avis nuo ožių. Avis jis pastatys dešinėje; ožius – kairėje.

Ir tars karalius stovintiems dešinėje: ‚Ateikite, mano Tėvo palaimintieji, paveldėkite nuo pasaulio sukūrimo jums paruoštą karalystę! Nes aš buvau išalkęs, ir jūs mane pavalgydinote, buvau ištroškęs, ir mane pagirdėte, buvau keleivis, ir mane priglaudėte, buvau nuogas – mane aprengėte, ligonis – mane aplankėte, kalinys – atėjote pas mane.'

Tuomet teisieji klaus: ‚Viešpatie, kada gi mes tave matėme alkaną ir pavalgydinome, trokštantį ir pagirdėme? Kada gi mes matėme tave keliaujantį ir priglaudėme ar nuogą ir aprengėme? Kada gi matėme tave sergantį ar kalinį ir aplankėme?'

Ir atsakys jiems karalius: ‚Iš tiesų sakau jums, kiek kartų tai padarėte vienam iš mažiausiųjų mano brolių, man padarėte.'

Paskui jis prabils į stovinčius kairėje: ‚Eikite šalin nuo manęs, prakeiktieji, į amžinąją ugnį, kuri prirengta velniui ir jo angelams! Nes aš buvau išalkęs, ir jūs manęs nepavalgydinote, buvau ištroškęs, ir manęs nepagirdėte, buvau keleivis, ir manęs nepriglaudėte, nuogas – neaprengėte, ligonis ir kalinys – ir jūs manęs neaplankėte.'
Tuomet jie atsakys: ‚Viešpatie, kada gi mes tave matėme alkaną ar ištroškusį, ar keleivį, ar nuogą, ar ligonį, ar kalinį ir tau nepatarnavome?'
Tuomet jis pasakys jiems: ‚Iš tiesų sakau jums: kiek kartų taip nepadarėte vienam iš šitų mažiausiųjų, nė man nepadarėte.'
Ir eis šitie į amžinąjį kentėjimą, o teisieji į amžinąjį gyvenimą."
Mt 25, 31–46

Švenčiame paskutinę, galutinę liturginių metų iškilmę, kuri neatsitiktinai ir ne be reikalo yra paskutinė, galutinė. Ji reiškia paskutiniuosius, galutinius, eschatologinius dalykus. Ji reiškia laikų pabaigą ir nesibaigiančią dieną dangiškojoje Jeruzalėje, kur „nakties nebebus, kur nebereikės nei žiburio, nei saulės šviesos, nes Viešpats Dievas jiems švies, ir jie viešpataus su Karalių Karaliumi ir Viešpačių Viešpačiu per amžių amžius" (plg. Apr 22, 5; 19, 16). Tačiau tie galutinieji dalykai – laikų pabaiga, senojo pasaulio pabaiga ir naujojo nesibaigianti pradžia – jau yra prasidėję čia ir dabar, jau du tūkstančius metų. Juk tūkstantis metų Viešpačiui yra kaip viena diena (plg. 2 Pt 3, 8). Vadinasi, ir Harmagedonas – paskutinysis, galutinis mūšis tarp gėrio ir blogio, tarp Dievo angelų ir velnio angelų, jau yra prasidėjęs (žr. Apr 16, 16. 12–14). Jis netgi pačiame įkarštyje! Jis vyksta kiekvieną dieną, netgi kiekvieną akimirką mūsų širdyje, mūsų gyvenime, mūsų aplinkoje. Tereikia atverti akis, kad tai pamatytume ir įsitikintume.

Jėzus savo mokiniams ir mums kalba apie avis ir ožius. Avys – mažutėliai, kuriuos reikia pagirdyti, pavalgydinti, aprengti, priglausti, aplankyti. Ir kas gi turi tas avis aplankyti, jomis pasirūpinti, jas ganyti? Mes?.. Klystate! Mes nesame Ganytojas. Tėra vienas vienintelis amžinasis Ganytojas – Viešpats Dievas, kuris mums ir kalbėjo pranašo Ezekielio žodžiais: „Surinksiu savąsias avis ir pats jomis rūpinsiuos. Kaip kerdžiui rūpi nuklydę bandos gyvuliai, taip aš pasirūpinsiu savo avimis ir grąžinsiu jas iš visų vietų, kur jos pasklido tamsią, apsiniaukusią dieną. Nuvesiu į ganiavą savo avis ir duosiu joms pailsėti – Viešpaties Dievo žodis. Paklydusias Aš suieškosiu, atsiskyrusias susigrąžinsiu, sužeistas perrišiu, nusilpusias šersiu, riebias ir sveikas prižiūrėsiu" (Ez 34, 11–12. 15–17). Ne mes – Jėzus tai daro, – tačiau mumyse ir per mus. Kai leidžiame Jėzui mumyse ganyti tas sužeistas, silpnas, atsiskyrusias, paklydusias arba ir riebias bei sveikas avis, tada ir išsipildo Evangelijoje girdėta Jėzaus Karalystė – Gyvybės, Gyvenimo, Gailestingumo Karalystė, nes tikrasis Gyvenimas yra Meilė, o tikrasis Meilės veidas yra Gailestingumas: išalkusį pavalgydinti, ištroškusį pagirdyti, nuogą aprengti, keleivį priimti... Juk Gailestingumas priklauso tik Dievui. Tik Dievas yra gailestingas, vadinasi, tik *Jis* per mus, kurie taip pat esame Jo avys, gali ganyti kitas savo avis – jeigu paklūstame, jeigu klausome Jo balso ir sekame Jį visur, kur tik Jis eina (plg. Jn 10, 3–4; Apr 14, 4): paskui paklydėlę avį, paskui sužeistąją, paskui nusilpusią, į patį dugną, į pačią tankmę, į erškėtynus, kad iš ten ją ištrauktų (plg. Mt 18, 12; Lk 15, 4).

Tačiau kaimenė yra ne tik avys – girdėjome, kad ten esama ir ožių. Ne be reikalo satanistų ženklas yra ožio galva... Nemanykime, kad jie neišmano Evangelijos. Jie daug geriau už mus ją išmano, tad tas ženklas paimtas iš Evangelijos, iš Jėzaus lūpų. Didžiausias ožys, ožių ožys yra šėtonas, o jo karalystė yra vergų karalystė – neapykantos, egoizmo, širdies užkietėjimo ir negailestingumo karalystė. Taip pat ir jis per mus kartina gyvenimą mūsų broliams ir sesėms, kai mes esame kieti it nagai, negailestingi, kupini paniekos, ironijos, pykčio, įžeidinėjimų, atstūmimo, egoizmo.

Štai taip mumyse viešpatauja piktojo karalystė, taip mūsų širdį užkariauja jo kariauna. Ir iš tikrųjų – ten, mūsų širdyje, kiekvieną dieną vyksta Harmagedono mūšis. Į kurią pusę pakryps mūsų širdis? Ar būsime dešinėje, leisdami čia ir dabar, mūsų bendruomenėje, šeimoje, darbovietėje, kaimynystėje, reikštis Jėzaus Gailestingumo ir Meilės Karalystei? Ar įsileisime priešą, per kurį į šį pasaulį atėjo mirtis ir toliau jame viešpatauja (plg. Rom 5, 12)? Ar liksime senajame Adome, kuriame visi miršta (plg. 1 Kor 15, 22)? Juk mirtis yra nemeilė. Juk mirtis yra negailestingumas. Ar leisimės atgaivinami Naujajame Adome – Kristuje, kuriame žydi tikrasis Gyvenimas (žr. 1 Kor 15, 45)? Ko mes norime? Ar amžinosios mirties egoizmo, nuodėmės užkietėjime? Ar prisikėlimo Meilėje ir Gailestingume? Jėzaus Karalystė nėra mūsų karalystė, kaip ir šėtono karalystė – ne mūsų. Tačiau nuo mūsų priklauso, ar mes norime būti laisvi Karalystės vaikai, ar piktojo vergai (1 Jn 3, 10; Mt 13, 38).

Todėl nieko kito nelieka, kaip tik melsti Karalienę, Gailestingąją Motiną, mūsų gyvybę, paguodą ir viltį (plg. *Salve Regina*), kad Ji ateitų, atvertų mūsų širdis savo švelnumu ir motinišku gailestingumu, kad atvertų mūsų akis pamatyti Kristų ne tik artimame, kuris yra nuogas, ištroškęs ir išalkęs, bet ir savo širdyje, kai mūsų širdis sugrunda, susigraudina dėl artimo, motiniškai pasilenkia prie jo skurdo, kad priglaustų jį ne prie savo – prie paties Jėzaus Gailestingosios Širdies.

Šiandien, kaip ir kiekvieną Viešpaties dieną, artinsimės prie Avinėlio – Karalių Karaliaus, kad Jis ateitų į mūsų širdis. Kaip mes priimsime savo Viešpatį? Ar taip, kaip vargšus? Ir kaip priimsime vargšus? Ar taip, kaip mūsų Karalių? Kaip tarnaujame Karaliui?.. Atverkime akis, atverkime širdis ir nustokime šlubčioti abiem kojomis, kaip sako pranašas (žr. 1 Kar 18, 21). Pasirinkime *šiandien*, atsiverskime, nes Dangaus Karalystė jau čia pat (žr. Mt 4, 17; 3, 2; 10, 7), mūsų širdyse, net jeigu ten vis dar tamsu nuo godumo, šykštumo, pavydo, neapykantos, pykčio, pagiežos. Aušra jau čia pat, tereikia tik žengti žingsnį iš tamsos į šviesą (plg. Apd 26, 18; 1 Pt 2, 9), ir tada Kristus nugalės – jau nugalėjo (plg. Apr 5, 5)! Tereikia tikėti ir pasitikėti...

Jėzau, pasitikiu Tavimi!

2011 lapkritis (Kristus, Visatos Valdovas)

Kūdikėlio Jėzaus Pranciškus Nekrošius CSJ
IŠĖJO SĖJĖJAS SĖTI
Homilijos

Leidinio sudarytojos Indrė Aušrotienė, Raminta Bunkienė
Redaktorė Raminta Bunkienė
Korektorė Vilma Pavelčikaitė-Bialoglovienė
Viršelio dizainas ir knygos maketas Agnės Paulėkienės
Fotografas Ridas Damkevičius (knygos autoriaus portretas)

Leidykla LUMINA VERA
V. Grybo g. 37, LT-10320 Vilnius, Lietuva

www.ingramcontent.com/pod-product-compliance
Lightning Source LLC
LaVergne TN
LVHW091406190726
843491LV00006B/1282

9786099536620